LES SEPT LIVRES DE
L'ARCHIDOXE
MAGIQUE

PARACELSE

Paracelse

ou Paracelsus, dont le nom d'origine est Philippus Theophrastus Aureolus Bombast von Hohenheim, né en 1493 à Einsiedeln (en Suisse centrale) et mort le 24 septembre 1541 à Salzbourg, est un médecin, philosophe et alchimiste, mais aussi théologien laïc suisse, d'expression allemande (de dialecte alémanique).

Ce fut un médecin-chirurgien innovateur en thérapeutique, un philosophe de la nature.

Préface

Au commencement du XVIe siècle, alors que toute la science somnolait en répétant les oracles d'Avicenne et de Galien, apparaît l'homme à la voix forte, médecin et chimiste, qui se dresse en adversaire des lois établies, brûle les livres médicaux des Grecs et des Arabes, parle philosophie en langue vulgaire, guérit les malades contre toutes les règles de l'art et court l'Europe, buvant avec le premier venu, bataillant avec beaucoup, étudiant avec tous.

Son rôle fut si grand qu'à son époque même, son nom souleva des émeutes. Paracelse eut des disciples fidèles, des admirateurs bruyants, des malades reconnaissants jusqu'à la dévotion ; il eut aussi, parmi les médecins, des ennemis féroces dont la violence justifie assez les apostrophes véhémentes qu'on lui a si souvent reprochées. Ce « *monstre vomi par l'enfer* », ce « *chemineau innommable* » comme l'appelaient les Eraste, les Dessenius[1] et tant d'autres confrères dont la boutique se désachalandait, faisait rire les malades et gémir les apothicaires de Rome à Londres et de Paris à Varsovie ; aucun homme, sauf plus tard Cagliostro, ne suscita pareil tumulte autour de lui.

---

[1] « Magus monstruosus, superstitiosus, impius, et in deum blasphemus, mendacissimus, impostor, ebriosus, erro, monstrum abhorrendum ! » Dessenius. *Medicina veterum*. Col. Agrippæ, 1573, p. 202.

Quand ses ennemis crurent l'avoir enfin bien et dûment enterré — on dit même qu'ils aidèrent fort à cet événement — ce fut pis encore : une pléiade de disciples surgit glorifiant le maître, soignant les malades selon ses rites, oubliant ses arcanes. Les Rhenanus, les Camerarius témoignaient de ses merveilleux pouvoirs ; ils avaient vu à Munich, ils gardaient à Nuremberg de l'or fait par lui avec un vieux clou en fer, et qui restait encore moitié fer, moitié or ; les Crollius, les Thurneyser commentèrent et éclaircirent ses doctrines. Critiques, apologistes, exégètes, traducteurs, forcèrent les savants des XVIe et XVIIe s à ne penser que par lui, à ne parler que de lui. Le souffle de liberté et de vie nouvelle qui passait, avec son nom fit flotter la bannière des Rose-Croix. Son influence traversa le XVIIIe siècle : Van Helmont, c'est Paracelse encore.

De nos jours, alors que des siècles nous séparent de son époque, que l'histoire s'est éclairée et que la science a progressé, il semble que le nom de Paracelse ne devrait plus présenter d'intérêt ni susciter de travaux. Or, il n'en est rien : dix ans ne se passent pas depuis le début du siècle sans que, tour à tour, et avec la plus vive ardeur, un défenseur ou un critique ne se lève pour parler du Roi des Arcanes. Ce mort ne laisse pas les vivants en repos ; les uns, innovateurs de quelque thérapeutique, — magnétisme, homéopathie, opothérapie, etc. — rencontrant dans une citation de Paracelse un mot qui les étonne, se reportent au texte, s'ébahissent de découvrir l'idée mère de leur système déjà formulée par le grand alchimiste, et Paracelse réapparaît sur la scène derrière quelque spécialiste original. Les classiques, au nom de la doctrine médicale du jour, protestant contre l'innovateur et plus encore contre Paracelse ; quelques indépendants se mêlent au débat ; c'est ainsi que nous avons vu Schultz, Marx, en Allemagne ; Bouchut, Cruveilher, en France n'hésitant pas à placer Paracelse avant Montaigne et Rabelais, à en faire le précurseur de toute science, le rénovateur de la médecine, tandis que Daremberg et Chevreul n'y voient, l'un, qu'un médiocre imitateur des anciens, l'autre qu'un fou ignorant et prétentieux.

Comment expliquer cette contradiction ? Pourquoi cette polémique renaissant toujours, ce brouillard enveloppant l'étrange figure du médecin d'Einsiedeln ? C'est que Paracelse, comme beaucoup de mystiques, sentait les choses plus qu'il ne les pensait : il essayait de les exprimer avec des termes nouveaux ou détournés de leur acception habituelle, sans grand souci de ses auditeurs ; l'évidence qu'il avait du fait lui semblait devoir illuminer de même celui qui l'écoutait. Les Bœhme, les Wronsky n'ont-ils pas fait de même ? Son œuvre, incomplètement traduite d'un haut allemand plein de ces néologismes spéciaux en un latin douteux, est donc restée toujours mystérieuse. Quelques traductions françaises partielles comme celles de la Grande et de la Petite Chirurgie sont peu répandues ; si bien que le texte de Paracelse est encore inconnu même des érudits. Daremberg, l'un des hommes les plus instruits que nous ayons eus sur ces matières et qui a consacré sa vie à l'étude des doctrines médicales, n'avoue-t-il pas lui-même qu'il n'a pas lu tout Paracelse et qu'il a dû péniblement en traduire pour son usage personnel quelques passages ?

Aujourd'hui où la connaissance du latin disparaît, hélas ! à grands pas, la publication d'une traduction de *l'Archidoxe Magique* présente un intérêt capital, et nous espérons que d'autres traités de Paracelse nous seront encore donnés ; tout lecteur habitué aux auteurs hermétiques et aux philosophes mystiques, étudiant sans parti-pris les œuvres de notre auteur, y trouvera de grandes et fécondes vérités au milieu de beaucoup d'obscurités voulues[2] ou inévitables. Il estima d'abord l'œuvre de Paracelse pour les enseignements qu'il y puisera ; puis il aimera l'auteur, comme nous l'avons fait, en l'étudiant de plus près dans sa vie débordante d'activités ; car ses livres ne sont qu'une portion de lui-même, la plus petite, la moins vivante ; ses actes, ses sentiments, révèlent plus puissamment encore l'esprit qui l'animait. S'il eût vécu de nos jours, il eût été pour nos sciences actuelles, fortes de leurs admirables découvertes et de leurs énergiques intransigeances, un révolutionnaire d'une bien autre envergure, un semeur de bien plus extraordinaires moissons. C'est ainsi qu'il faut songer à lui ; c'est ainsi qu'on peut l'admirer sans réserves, en le désaffublant par la pensée du costume suranné et du bizarre accoutrement sous lequel nous sommes habitués à le considérer ; alors, au travers du *Para-*

---

[2] « Paracelse n'a écrit aucune recette touchant la médecine qui n'ait un sens caché et dans laquelle il n'y ait quelque chose en moins ou quelque chose en plus, et cela avec grandes raisons ». Luchter, *Traité de l'Antimoine*, ch. V.

granum mystérieux, du *Labyrinthus* décevant, ou de l'*Archidoxe magique*, tout constellé de talismans, nous pourrons évoquer, en vérité, l'esprit de Paracelse.

Dr. Marc Haven

Introduction

Les progrès faits chaque jour par la science moderne sont près d'avoir une conséquence fort remarquable et fort inattendue : la mise en lumière des vérités découvertes par les alchimistes et méprisées il y a encore moins d'un demi-siècle.

Que ne reprochait-on pas aux alchimistes ? Le but même qu'ils poursuivaient avec tant d'opiniâtreté, leurs doctrines, leurs méthodes empiriques et leur facilité d'apriorisme. À dire vrai, il entrait dans cette série de griefs une part de légèreté et une autre plus grande de précipitation. Sans réfléchir à l'état encore embryonnaire, quant aux théories d'ensemble, des connaissances modernes, on tenait rigueur à l'école des souffleurs d'avoir osé concevoir une science d'après une philosophie, et une philosophie d'après une science peut-être trop faible. Puis, sans chercher à discerner l'allégorique du littéral, on prenait pour des thèses Scientifiques ce qui, bien souvent, relevait de la métaphysique ; de ces deux chefs d'accusation, grand mépris qui n'allait pas sans injustice.

En somme, quel était le but des alchimistes ? Point autre chose que l'application à la science des théorèmes philosophiques. L'unité de substance, d'où résultait l'unité de la matière, l'évolution de cette matière, la conscience des forces, tels étaient les principes qui se drapaient sous les recherches du Grand Œuvre. Que la méthode fût empirique et trop aprioriste, soit ! Mais qu'importe le chemin, si l'on arrive à la vérité ? Partir de l'ensemble pour arriver aux détails peut très bien conduire aux mêmes résultats que la méthode analytique, et ne serait-il pas de quelque piquant que les découvertes récentes corroborent les recherches et les théories si décriées des Lulle, des Rupescissa et des Paracelse ?

En chimie, les dernières expériences de Ramsay par la transformation de sels de cuivre en sels de lithium sembleraient promettre dans un bref délai la preuve académique de la possible transmutation des métaux. Et, conséquence inattendue de travaux récents, l'ombre de Martinès de Pasqually se réjouira peut-être de trouver un appui expérimental à sa théorie de la réintégration des êtres dans l'hypothèse de la probable et très lente évolution de l'uranium vers le plomb. Cette insensible transformation de la matière inanimée aurait pour résultat, le jour où elle serait définitivement établie, de montrer l'ascension de la vie universelle vers un idéal dont l'homme ne serait qu'un des stades.

Si l'unité de matière apparaît comme plausible, l'unité des forces est, jusqu'à présent, nécessaire à la physique pour donner une généalogie à l'ensemble des grandes manifestations des forces naturelles. La Lumière, la Chaleur et l'Électricité pénètrent jusqu'au vide le plus rigoureusement obtenu. Ces trois ordres de phénomènes seraient donc le résultat d'ondes ou vibrations provenant d'une source inconnue dans sa substance, mais non dans ses manifestations.

L'Éther, léger, impalpable, supérieur en fluidité à l'état gazeux comme celui-ci l'est à l'état liquide, éminemment compressible, se trouverait répandu partout, en puissance de tout pénétrer et de traverser toute surface même la plus dense et la plus épaisse ; il serait à la fois, pour ces courants de force, origine et organe de transmission. Voici qui nous ramènerait, ou je me trompe fort, à l'unité de force opposée à l'unité de matière promise par la chimie. La prochaine théorie sera, peut-être, démontrable scientifiquement, l'unité de substance, production à la fois de force et de matière. Ce jour-là verra la réhabilitation de toute une longue série de générations si injustement méprisée : le travail, même s'il se trompe, a droit au respect, en raison directe de la constance que l'homme y a mise.

Les théories de Paracelse, pour si étranges et si charlatanesques qu'elles paraissent, deviennent parfaitement lucides, dès que l'on ne se laisse plus prendre à la glue des mots et à la piperie des verbes. Nous devons, avant de déclarer absurdes les pratiques des siècles passés, étudier le temps où elles avaient cours. Pour faire saisir aux masses une théorie qui leur est destinée, il faut l'envelopper dans l'ambiance qui, émanant de ces masses, les enferme et les régit. « Tout homme, dit un vieil axiome, obéit au maître qu'il s'est choisi. » Il n'y en a pas de plus terrible et de plus exigeant, on le sait, que celui que l'on s'est créé : le vieux savant d'Andersen était un esclave d'autant plus despotiquement conduit qu'il obéissait à sa propre ombre. La croyance d'une époque régira donc la génération du moment avec la verge de fer de l'Écriture. Pour élever cette génération, l'arracher à son mal, il faudra lui présenter dans l'ambiance d'elle-même les germes d'idéal qui la sauveront. Tel le médecin présente le remède sous une apparence agréable. C'est à la fois un mélange d'apparente homéopathie et d'allopathie réelle.

À ce moment la Renaissance, les esprits traversaient une crise religieuse dont nous subissons encore le contre-coup. Le médecin, l'être quasi-surnaturel d'aujourd'hui, le dieu d'alors, puisqu'il était le résumé de la science générale de l'époque, avait donc pour devoir de donner d'abord ses soins ; puis, chose admirable, de transformer —tout n'est-il pas dans tout— l'erreur courante en vérité enveloppée de mythe. Il est à constater que la plupart des malentendus viennent d'avoir pris au sens littéral des fables, paraboles, axiomes, livrés aux foules sous un sens figuré. Bien des aphorismes de ce « charlatan », nombre de boutades de « cet illuminé », pris dans un sens général, deviennent des éclairs de génie et nous ouvrent des horizons d'une grandeur insoupçonnée par la philosophie à la mode. Car nul n'est, à proprement parler, un novateur ; le novateur se contentera d'exprimer en termes nouveaux des idées courantes, en quelque sorte porte-parole de son temps et de son milieu.

Je ne puis, la matière serait trop vaste, montrer, d'après l'œuvre générale de Paracelse, l'ensemble complet de ses théories ; mais je puis, me basant sur l'interprétation des traités de *l'Archidoxe Magique*, donner un aperçu de ses idées métaphysiques.

Le point initial sera, comme il est d'usage chez tous les êtres de foi, l'infini, c'est-à-dire Dieu lui-même.

Dieu possède, d'après Paracelse, une influence pré-pondérante sur la nature. Mais, et c'est une consé-quence des influences astrales, Dieu n'est pas séparé de la vie et de la matière universelle, le créateur ne fait qu'un avec l'ensemble de ses créatures. La vie de Dieu, sera la vie universelle ; la substance infinie, pro-ductrice de la matière et de la force, sera l'ensemble la substance divine ; la conscience de Dieu sera l'en-semble des lois de la vie universelle ; la loi pure, à la fois principe et résultat des conflits perpétuels des Êtres entre eux. Paracelse fait-il profession de catho-licisme ? Prenez ses affirmations comme le plus sûr bouclier contre le bûcher ou l'*inpace*. Quand je dis vie universelle, je ne fais que prendre une de ses affirma-tions. La matière, en apparence inanimée, est, selon lui, douée d'une vie propre, donc d'une existence évo-lutive, car nul ne peut donner que ce qu'il possède. Les métaux pourraient-ils guérir, donc recréer de la vie, s'ils ne possédaient pas une vitalité propre ? Il y a dans cette assertion comme un pressentiment des influences radio-actives. En tout cas, du moment que toute la matière est douée de la vie, du moment que les corps —en apparence les plus inertes— sont capables d'influence magnétique, les astres n'ont-ils pas un pouvoir sur les hommes ? C'est que la vie est universelle, quelles que soient les modalités adoptées par elle, et par conséquent que Dieu, synonyme de vie infinie, réside dans toutes les parcelles de la subs-tance générale.

Car toujours, selon lui, les astres ont une grande influence sur tous les êtres, organisés ou non. Cet influx astral fait sentir son pouvoir tant sur le corps humain que sur les remèdes à préparer pour lui. Dans une étude des plus approfondies, M. E. C... de l'École Polytechnique, a démontré l'existence de relations magnétiques entre les astres et de courants dans lesquels peut être entraînée la vie répandue sur la surface — et j'ajouterai dans la masse — de la machine ronde. L'homme serait « un feuillet magnétique ». Cette affirmation procède des méthodes et des constatations modernes. Si donc l'homme est soumis à Saturne ou à Vénus, d'après les savants modernes, Paracelse aurait donc été dans le vrai, et avec lui l'ensemble de son système *caché*. Gardons-nous, du reste, d'attribuer mérite de telles découvertes à notre Salzbourgeois, car quelque dix mille ans avant lui, des bergers sémites et des « rêveurs » avaient non seulement connaissance de cette loi, mais même en avaient tiré toutes les conséquences qu'elle pouvait comporter.

Tout s'enchaîne. Si les astres inanimés ont une influence d'un ordre général, les êtres organisés doués d'une volonté auront une influence particulière, par déplacement et par fixation de leur magnétisme personnel, sur eux-mêmes ou sur d'autres êtres, sciemment ou inconsciemment. Les cas inconscients sur d'autres êtres seraient, je suppose, la jettatura, et sur soi-même, la suggestion personnelle. Nous reviendrons sur ce dernier point pour expliquer les divers remèdes apportés dans *l'Archidoxe Magique*.

Cette puissance du magnétisme personnel fait partie de ce que les traités anciens appelaient le verbe ; les modernes la nomment pouvoir hypnotique. Les savants ont étudié cette transmission de la volonté, ce commandement à distance, principalement dans les relations entre êtres organisés. Combien plus grand sera ce pouvoir des êtres doués d'une volonté consciente sur les êtres inconscients. Les expériences scientifiquement constatées des fakirs hindous en sont une preuve éclatante. Si donc ce pouvoir d'un être organisé se double de la connaissance des influx astraux, la faculté de commandement de cet être sera immense. Et s'il est appliqué par son possesseur à guérir les malades, à coup sûr la cure des maladies en traitement n'est qu'une affaire de jours.

Paracelse avait certainement un très grand pouvoir magnétique; mais, de plus, il se targuait de connaître jusqu'au plus profond l'universalité des lois astrologiques. Le bon de l'affaire était la confiance absolue de ses malades en lui, leur guérisseur. Bien des cas soumis aux vertus de l'Usnée prenant naissance dans un crâne humain, de la Mumie, ou de la graisse d'ours, ont peut-être dû leur guérison à la suggestion personnelle des malades affectés. Paracelse connaissait-il ce pouvoir d'auto-suggestion ? Il n'est pas impossible, et j'en trouverais une preuve dans le traitement des blessures par l'arme enduite du sang du blessé. Il y a là une fixation de volonté de la part du patient sur cette pommade qui lui apportera, croit-il, la guérison, et telle est la réaction des influx nerveux que cette cure, maintes et maintes fois, dut être couronnée de succès.

En résumé, voici quelle serait la théorie générale, en quelque sorte la philosophie de Paracelse: L'Unité serait la loi dominante de l'Univers, unité de la force, unité de la matière, et l'ensemble de ces unités serait Dieu, l'infiniment unique et l'uniquement infini,

L'essence de notre univers serait la Loi, ensemble des règles qui régissent les actions et les réactions des modalités vitales. Car la matière tout entière est imprégnée de vie qui se manifeste sous autant d'apparences et par l'intermédiaire d'autant d'organes que d'êtres. La vie étant unique et ses seules modalités variables, tout n'est donc que rapports et tout n'est qu'harmonie. Quand le poète disait que

Les parfums, les couleurs et les sons se répondent,

il ne faisait que constater l'existence des rapports esthétiques, eux-mêmes indices de rapports dynamiques primordiaux.

La philosophie de Paracelse, par suite, se trouve, en réalité, beaucoup plus élevée qu'on a bien voulu le croire. Le médicastre a donc eu deux existences, l'une toute de forfanteries et de charlatanisme, l'autre toute de grandeur, et de beauté, ne vivant que de conceptions fortement charpentées et ne se nourrissant que d'idéal. Mais si l'on veut réfléchir que, dans les manifestations scientifiques, le charlatan marchait toujours de pair avec le penseur, on se dira peut-être que toute la mauvaise foi apparente n'était qu'un sacrifice à l'idée pure, et que cet homme si décrié, mis en demeure de choisir entre sa considération et le bien à répandre, avait, pour faire triompher ses idées, choisi le martyre —mais le martyre le plus pénible et le plus amer pour tout esprit élevé— le martyre par le ridicule.

15 sept. 1909

LIVRE I

Si nos présents écrits voient jamais le jour, je suis persuadé que la plupart de mes lecteurs seront fort étonnés par les insignes vertus cachées à l'état latent dans les métaux préparés par un artifice manuel. D'aucuns les tiendront pour superstitieuses, magiques, supernaturelles; d'autres les rangeront parmi les pratiques abominables et idolatriques, comme si leur préparation nécessitait des conjurations diaboliques. Voici quel sera leur raisonnement : Comment donc des métaux portant gravés des caractères, lettres et signes de même genre, peuvent-ils avoir des vertus, si une œuvre diabolique n'intervient pas dans leur préparation ? Je leur répondrai de la sorte : Croyez-vous donc, comme j'entends, que de telles choses accomplies par l'œuvre du Diable posséderaient leurs vertus et facultés d'opérer ? Ne croyez-vous donc pas le Créateur de la Nature, Dieu, habitant dans les cieux, capable lui aussi d'induire et de conférer les vertus et facultés d'opérer de ce métal ainsi préparé, aux racines, herbes, pierres et autres choses semblables ? Comme si le Diable était plus fort, plus ingénieux, plus omnipotent, plus puissant que le Dieu unique, éternel, omnipotent, miséricordieux qui, pour le salut et la commodité de l'homme, créa et fit jaillir par gradation ces métaux, pierres, herbes, racines et autres choses semblables, qui vivent et croissent dans et sur la terre, dans les eaux et dans l'air ? De plus, il est très certain, et l'expérience l'a mis en lumière, que le cours du temps exerce des forces et des actions différentes, surtout si des métaux déterminés sont fondus ensemble et travaillés à des époques spéciales. J'ai dit que cela se constate et se met en évidence expérimentalement de beaucoup de manières. Personne ne peut démontrer que les métaux soient morts et privés de vie. En effet, leurs huiles, sels, soufres, et quintessences, — lesquelles sont leur plus pure Réserve, — ont une très grande force pour activer et soutenir la vie humaine, et l'emportent en cela sur tous les corps simples ; c'est ce que nos remèdes mettent en évidence. En tout cas, si ces corps étaient privés de vie, comment, je vous prie, pourraient-ils opérer la résurrection, la restitution au seuil de la mort, dirai-je, d'une force fraîche et pleine de vie dans des membres, dans des corps humains malades et presque mourants ? En effet, cela est notoire, chez des gens évanouis, des personnes à l'état de crise, des calculeux, des syphilitiques, des hydropiques, des épileptiques, des maniaques, des podagres, et chez tous les autres que le souci d'être bref me fait omettre. Or, je l'affirme audacieusement, les métaux, les pierres et les racines, les herbes et tous les fruits sont riches de leur propre vie, à cette différence près que le moment (astrologique) intervient pour le travail et la préparation des métaux. Le temps possède, en effet, une force et une efficacité manifestes : de nombreux arguments sont là pour l'enseigner ; la connaissance qu'en a le public nous permet de les passer sous silence. Nous avons, en effet, décidé d'exposer ici non ce qui est banal et de notoriété publique, mais seulement des sujets difficiles, incompréhensibles, heurtant même le bon sens.

Eux aussi, les signes, les caractères et les lettres ont leur force et leur efficacité. Si la nature et l'essence propre des métaux, l'influence et le pouvoir du Ciel et des Planètes, la signification et la disposition des caractères, signes et lettres, s'harmonisent et concordent simultanément avec l'observation des jours, temps et heures, quoi donc, au nom du ciel, empêcherait qu'un signe ou sceau fabriqué de la sorte ne possédât sa force et sa faculté d'opérer ? Pourquoi ceci en temps utile ne servirait-il à la tête, ou cela n'accommoderait-il la vue ? Pourquoi telle autre chose ne serait-elle de bon usage pour le calcul des reins ? Et pourquoi même ne soulagerais-tu pas ainsi ceux qui fatiguent leur corps à force d'ingérer d'autres remèdes ? Cependant, rien ne doit être exécuté ou espéré sans l'aide et le secours du Père même de la médecine, *Jésus Christ*, le vrai et unique médecin.

Les autres protestent et objectent que les paroles et les signes n'ont aucune force, qu'il n'y en a aucun d'efficace, à part la croix, lorsqu'ils ne sont simplement que figures et caractères. Ils allèguent, en outre, que le mot grec οθοχυνδοξ, ne signifie pas autre chose qu'en latin, *serpentes occidere*, et que chez les Allemands *Ignisz* est le même mot qu'*ardens* pour les Latins. Dis-moi donc pourquoi le serpent en Helvétie, Algorie, Suévie, comprend le mot grec *Osy, Osya, Osy*, etc., encore que ni chez les Helvètes, ni chez les Algoriens, ni chez les Suèves, le grec ne soit vulgaire au point que les serpents puissent l'entendre parler ! Mais dis-moi donc, où, comment, par quelles causes les serpents comprennent ces mots? Dans quelles académies les ont-ils appris pour que, le mot à peine entendu, ils retournent aussitôt leur queue pour boucher leurs oreilles, afin de pas l'entendre de nouveau? À peine ont-ils ouï ce mot, nonobstant leur nature et leur esprit, ils restent immobiles, ne blessent et n'empoisonnent personne de leur morsure venimeuse; d'autre fois, à peine un bruit de pas humain frappe-t-il l'oreille que, soudain, ils s'enfuient et retournent vers leur caverne. Tu me répondras: la nature a fait cela; c'est bien. Je ne te demanderai qu'une chose: La nature, ayant fait cela contre les serpents, ne pourrait-elle faire des choses semblables pour d'autres animaux? Tu me diras autre chose, que la terreur entre en jeu, et qu'elle fait craindre aux serpents effrayés la vue de l'homme, les stupéfie et les tient immobiles; tu me diras aussi que le serpent restera également immobile, si l'homme s'avance à grand fracas, criant, menaçant, ou faisant tout autre bruit. D'où il appert que les caractères, les mots, les sceaux ont eux-mêmes une force secrète en rien contraire à la nature et n'ayant aucun lien avec la superstition! Poursuivras tu que ce ne sont pas les paroles en elles-mêmes, mais la clameur concurrente de l'homme qui produit de tels effets? Je te contredirai ouvertement. Si tu écris, en temps favorable, ces seules paroles sur du vélin, du parchemin, du papier, et que tu les imposes au serpent, celui-ci n'en restera pas moins immobile que si tu les avais prononcées à haute voix. En outre, il ne doit pas te paraître extraordinairement impossible incroyable que la médecine puisse soulager l'homme, non par voie d'absorption, mais en se portant suspendue au cou à la manière et coutume d'un sceau. Tu vois s'opérer un fait semblable dans la vessie par l'action des cantharides. Si tu tiens à la main des cantharides, l'urine devient sanguinolente ; la vessie réceptacle de l'urine, a beau être enfouie au plus profond du corps, et la main hors du corps être fort éloignée de la vessie.

Qu'il y ait quelque force même dans les choses mortes, l'exemple de l'alcyon me servira de preuve. Si tu dépouilles l'alcyon mort de sa peau, tu la verras, même desséchée, abandonner chaque année ses vieilles plumes et en produire de nouvelles de la même couleur. Ce n'est pas une année seulement, mais plusieurs de suite que tu pourras remarquer ce fait. Tu me demanderas, chez quel écrivain, chez quel auteur, j'ai lu ces choses, où j'ai découvert l'existence réelle de ces faits. O sophiste, contempteur des choses divines, voici comment je te répondrai : Dis-moi donc, je t'en serai reconnaissant, qui inspira à l'ours, chaque fois qu'il sent sa vue obscurcie par un afflux immodéré de sang, d'aller en hâte vers les ruches et de rechercher les piqûres et les blessures des abeilles pour ses veines gonflées, jusqu'à ce que l'extraction d'une certaine quantité d'humeur et de sang lui rende l'acuité de la vue ? Qui enseigna au cerf que le Dictame lui était médicament ? Qui montra la serpentaire au serpent, au chien que le gazon était thériaque et purge ? Qui instruisit le héron de puiser avec son bec de l'eau marine et de se l'administrer par l'anus en guise de clystère ? Ils sont en vérité innombrables, les animaux qui connaissent et pratiquent chacun la cure de sa propre maladie. D'où prétends-tu qu'ils aient tiré ces artifices ? Tu me diras que ce sont instincts de nature : je te louerai et t'approuverai. Toutefois, si la Nature aide aux animaux, combien n'aide-t-elle pas davantage à l'homme. Fait à l'image du créateur des choses universelles, il reçut en sus un cerveau raisonnant pour méditer et tirer parti de toutes ces choses. Au reste, il est faux et téméraire d'avancer que les éléments étrangers à l'homme ne guérissent en rien ses maladies. Le soleil, en effet, qui nous apporte splendeur et lumière, pénètre tellement les choses même cachées, qu'il chauffe vivement les cavernes et les endroits les plus retirés. Personne ne le niera, au printemps, les parties terrestres les plus secrètes prennent chaleur de partout : le soleil cependant ne répand sa lumière que sur les choses élevées et suréminentes. De là vient la force, le suc, une nouvelle vie en quelque sorte pour tout ce qui croît. Le renouveau de la Nature et l'influence réunie des astres célestes et des planètes, joints aux autres remèdes que nous tirons des métaux, des herbes, des pierres et autres semblables, ne pourraient-elles donc pas servir dans l'intérieur du corps soit pour les membres cachés, nerfs ou veines, soit pour les maladies elles-mêmes qui se collectent dans la chair et le sang de l'homme et se produisent partout, suivant des causes variées avec la marche du temps ? De même que les maladies et accidents sont variables, les cures et traitements qui leur sont opposés d'après la nature, le temps et le jour, sont différents.

Ce qui est contraire aux maladies, les métaux par exemple, est différent en des temps différents en raison directe de la préparation et de l'usage. Si je combats la lèpre par l'or, qu'est-ce qui m'empêcherait de chasser le mal avec de l'huile à base d'or appliquée sur la lèpre ? Si je frictionne avec de l'huile de mercure pour guérir la syphilis, ce remède ne la guérira-t-il pas ? À cette différence près, toutefois, que le temps opportun sera observé et calculé avec soin, Sans cette précaution, en effet, toute lotion devient inutile. Et quoique j'eusse baigné [le malade] tout entier dans l'huile de mercure, il faut encore ajouter, d'autres remèdes que les forces du mercure contrarient en quelques cas ; sinon, non seulement l'observation du temps, mais tout le travail et l'opération de la friction seraient nuls, et le malade resouffrirait encore comme auparavant.

Il est absolument vrai que les astres supérieurs et leurs influences infligent aux hommes la plupart des maladies et les font pénétrer dans leur corps. Cependant, elles n'envahissent ni violemment, ni même sensiblement au point de les ressentir sur-le-champ, ainsi que la venue de l'épilepsie par un choc ou une peur ; mais on les gagne peu à peu, insensiblement, jusqu'à ce que le mal gagné prenne corps : telle l'huile qui, distillée goutte à goutte, ne devient sensible que lorsqu'elle est suffisamment amassée pour que le poids soit appréciable. C'est de la sorte que l'homme prend conscience de son mal, soit par la paralysie des membres, soit par le manque d'appétit, soit par l'aversion de tout breuvage, bref par n'importe quelle affection d'après la nature et le tempérament de chacun, selon la mise en action des astres par un long délai de temps, avec l'auxiliaire des autres accidents préparés par l'attraction de l'air.

De la céphalée ou douleurs de tête

Les douleurs de tête sont multiples ; nous-mêmes, nous prenons les unes en mangeant ou buvant immodérément. Les autres prennent leur source dans les malignes exhalaisons ou vapeurs provenant des aliments mal cuits et montant de l'estomac au cerveau, etc. Nous les passerons sous silence et nous occuperons seulement des douleurs de tête les plus cruelles et les plus graves.

Contre le mal caduc ou épilepsie

Il nous faut, dans cette maladie, observer avec attention si l'épileptique tombe en crise chaque mois, et aux mêmes jour et heure, et combien de fois ; s'il tombe pendant un temps égal ou inégal, s'il titube quelque temps avant la chute, ou s'il s'abat comme une masse, tout d'un coup. Ces observations faites, cherches-en la raison : si c'est à des heures déterminées qu'il tombe, il ne le fera pas le moins du monde, tout d'un coup et en un moment ; mais si cet événement se produit à des heures et à des moments indéterminés, il adviendra certainement le contraire, qu'il tombera subitement et d'un seul coup. Le premier genre d'Épilepsie est mortel, le malade est en danger surtout si la chute est précédée d'un peu de tremblement, comme s'il y avait pressentiment du mal. Mais l'Épilepsie qui abat d'un coup le malade n'est pas la plus mauvaise, c'est au contraire la plus guérissable. La première est naturelle, la seconde n'a rien de commun avec la nature, et ne détruit pas la complexion de tous. La première accable ou obscurcit l'esprit ou les sens ; non pas la seconde. Voici l'opération par laquelle on combat celle-là.

Tout d'abord, observe avec soin quels sont les jour et heure de la plus récente chute. Une fois cette observation notée, remarque, au sujet de cette heure, de quelle planète elle relève. Ces choses une fois connues, suppute l'année de naissance du malade, inscris et remarque bien si c'est un homme ou une femme. Enfin commence la cure, et chaque jour, au matin, fais-lui prendre la médecine suivante, savoir :

> *D'Esprit de Vitriol* . . . . *Gouttes 5*
>
> *De quintessence d'Antimoine* . . . . *Gouttes 5*
>
> *De quintessence de Perles* . . . . *Gouttes 4*

Jette ce mélange dans une tasse pleine de très bonne eau de roses, et fais en boire au malade, dans le paroxysme, à n'importe quel jour. Après l'absorption, tu auras 4 heures à toi. Pendant ce temps, tu feras la plaque de métal suivante :

2. *Or Pur et fin* ʒ ξ β.

La lune au 12° du Cancer, fais fondre dans un vase d'argile, et répands dans l'eau pure. Observe avec soin quand tombe au Ciel la conjonction des deux Planètes. À cette heure, liquéfie l'or derechef ; a la rencontre des deux Planètes, ajoute à l'or fondu dans un vase d'argile ʒ β. d'argent fin, de telle sorte que le lingot soit moitié or, moitié argent. Verse le métal en fusion et martèle la lamelle pour lui donner la largeur du travers de la main. Coupe-la tout autour pour la rendre triangulaire et lui donner la forme ci-après décrite.

Puis fais rougir à blanc sur le feu, retire, et mets de côté jusqu'à ce que la Lune occupe le même signe et le même degré qu'elle occupait auparavant au moment de l'attaque du paroxysme. À cette heure-là, regarde, grave ou écris sur la lamelle d'or et d'argent les présents caractères, signes ou lettres (voir ci-dessus). Tu te presseras d'achever cette opération à l'heure prévue, sans cela elle deviendrait inutile. Avant tous autres signes, tu graveras sur le milieu de la lamelle celui de la Planète qui régit l'heure pendant laquelle le paroxysme a lieu.

Cette figure fut dessinée pour Jacob Seizen, conseiller aulique du Prince de Salzbourg, lequel Seizen fut frappé à l'heure de ☿. Prépare tous les autres signes suivant leur disposition sur la figure. Si le malade est une femme, tu substitueras le signe

au signe

Il faudra mettre l'âge du malade. Le susdit Jacob Seizen avait en effet autant d'années qu'indique le chiffre dans le signe ci-dessus XXXIV. Tu graveras le nombre des années à n'importe quelle attaque ; de façon pourtant qu'à n'importe quelle attaque l'âge soit spécialement gravé.

La figure préparée de la susdite manière, tu raseras, après le paroxysme, des cheveux sur la tête d'après la grandeur de la lamelle ; dès que tu verras tomber le malade, tu lui feras boire la préparation secrète plus haut décrite. Tu le tiendras fortement, pendant qu'il est par terre, jusqu'à ce qu'il ait avalé ce remède, et lui imposeras sur la partie rasée de la tête la lamelle que tu as fabriquée ; tu feras en sorte que le côté de la gravure soit en contact avec la tête. Défais les liens et couche le malade. Après ce traitement, il ne tombera plus, même après un intervalle de trente ans. Le malade aura toujours cette lamelle sur la tête. Et si les cheveux repoussent, tu les raseras tous les mois au même endroit.

Figure pour la conservation de la vue

Fabrique-toi un sceau rond, de plomb pur et de bon aloi, à l'heure de Vénus, la lune versant dans le signe du Bélier. À l'heure de Vénus tu graveras ce qui est décrit dans la figure ci-dessous. Puis, à l'heure de Saturne, fabrique-toi une lamelle de cuivre, de même dimension que celle de plomb. Toujours à l'heure de Saturne, la lune dans le Capricorne, tu graveras les signes suivants. Ceci fait, laisse de côté les deux sceaux, jusqu'à ce que ♀ entre en conjonction avec ♄. Alors, à l'heure et au point de cette conjonction, réunis les deux signes de telle sorte que les caractères et figures se regardent. Recouvre-les de cire, pour les protéger de l'humidité. Couds le tout dans de la soie et suspends-le au cou à l'heure de Mercure, un Mercredi. Ce signe fait recouvrer la vue qu'on a perdue, garde les yeux de toute douleur, donne aux vieillards la même vue que les jeunes gens. Voici la figure.

Contre la consomption ou tabès et autres maladies du cerveau

4. Les métaux suivants tous préalablement affinés

Or . . . . 3 β   Argent . . . . 3 ij.

Cuivre . . . . 3 j.   Jupiter [Étain]. .3iij.

Que tous soient fondus au moment de la nouvelle Lune. Répands, et de cette masse fais autant de pièces que tu voudras. Une fois en fusion, ne les remets pas de nouveau sur le feu. Si la planète ♃ tombe dans sa maison, les Poissons, grave sur un côté ces caractères ou signes, et sur l'autre écris les paroles que tu trouveras dans la figure suivante. Au bord de la pièce, fixe un anneau d'or pur, et la lune à son déclin, soude-le, afin qu'on puisse le suspendre.

Peu importe l'heure de l'opération, pourvu que ce soit celle du soleil. C'est ainsi que, se prépare le sceau. Ce signe est très puissant contre les maladies de la tête et du cerveau : voir la figure ci-dessus.

Secret puissant contre la paralysie

Voici un remède que je donne pour ceux qui ont déjà subi une atteinte de paralysie, afin de justifier mon Archidoxe. Il est, vraiment, très efficace dans toutes sortes de cas. Les anciens pensaient, en effet, mais à tort, que l'homme, une fois frappé d'apoplexie, devenait incurable, Ceux qui sont atteints de ce terrible mal suivront le traitement suivant :

4. Or fin ℥ ij. Plomb ℥ ij. tous deux bien purifiés et affinés. Primo. Après le coucher du soleil (à calculer d'après l'époque de l'année), fonds cet or dans un vase d'argile nouveau et préparé à cette fin. Ceci fait, jette le plomb dans l'or et répands d'un seul coup. Le plomb, en effet, se joint à l'or immédiatement et au premier moment. Mets de côté ce lingot. Enfin, la Lune aux environs du 12ᵉ de-gré du signe du Lion, refonds cet alliage de Soleil et de Saturne qui sera pareil à de l'airain de chaudière. Ajoutes-y ℨ iij[3] ♀, ne n'attarde pas longtemps, répands tout d'un coup et mets de côté. La Lune au 12ᵉ degré du Scorpion, refonds le susdit alliage ; pendant la liquéfaction, jette ℨ iij[4], répands d'un seul coup et mets de côté. Répands de telle façon qu'il coule largement. Tu ne façonneras et ne couperas pas autrement le lingot. À l'entrée du Soleil dans le signe du Bélier, ce qui arrive chaque année environ dans le 10ᵉ jour de mars, tu graveras dans la médaille fondue les signes tels qu'ils sont décrits plus loin. La gravure doit être commencée et terminée à l'heure susdite du Soleil. Pas de différence quant au jour, pourvu que le Soleil soit dans le Bélier, comme nous l'avons dit. Tu conserveras le signe préparé de la sorte. En cas d'apoplexie, tu chercheras avec soin le temps, le jour et l'heure de l'attaque et aux mêmes moment et heure du jour, tu suspendras ce sceau au cou du malade. Ceci est un grand mystère. Dans le même temps, tu traiteras le malade, non mortellement atteint, avec l'or potable[5] étudié par nous, etc.

---

[3] Cuivre.
[4] Étain.
[5] Cf. *Archidoxis liber Sextus*. T. I₁, pp. 23. Col. 2. Aurum potabile quid sit. – Magisterii auri, etc, potabilis quæ præparatio.

Contre le calcul et sables des Reins

On prépare pour les calculeux avec de l'or, de l'argent, de l'étain et du plomb, un sceau de la manière suivante :

♃ Or . . . . ℨ iiij.	Argent . . . . ℨ iij.
Étain . . . . ℨ j.	Plomb . . . . ℨ β.

Jette tous ces métaux pêle-mêle dans un creuset neuf (comme ceux des orfèvres) ; fonds le jour de Saturne, la dixième heure avant la méridienne ; la Lune à l'ascendant, jette dans l'alliage en fusion du salpêtre mêlé avec du tartre, pour que ledit alliage puisse être plus promptement ductile et séparable. Tu couperas et poliras le lingot à l'heure ♂ du jour de Vénus, suivant la forme requise. Ne fais rien à la pièce pendant que tu la découperas. Tu n'y souderas ni anneau, ni oreillette, mais la façonneras en limant, pour ne pas la remettre de nouveau sur le feu, après la fusion. En conséquence, tu feras la masse plus large de telle sorte que l'oreillette et la pièce appartiennent au même morceau. Tu opéreras avec attention pour fondre dans ce but. De l'alliage des métaux, surtout plomb et étain, la matière sort particulièrement dure, âpre, impénétrable, difficilement séparable et ductile au marteau. Toute cette préparation accomplie, tu attendras la pleine Lune, cette planète arrivant au ciel au point même de la fraction. Tu commenceras alors à graver dans cette orbe les signes suivants, et pousseras cette opération de manière que tout soit gravé en une heure ; sur une face, tu ajouteras la lettre A.

Mets de côté et garde soigneusement cette pièce, jusqu'au jour de Jupiter où la lune aura bon aspect avec quelqu'une des planètes suivantes, ♃, ♀, ou ☿. Ceci fait, sur le côté marqué B tu graveras à l'heure de ☿ les caractères suivants, tels qu'ils sont représentés. Suspends la médaille au cou du malade qui souffre de la Pierre, le jour de la Lune, à l'heure de la Lune, et la Lune en décroissance. L'anneau qui tient le sceau suspendu doit être de fer. Si, pendant la nuit, l'on fait tremper ce sceau dans du vin, le malade pourra boire, le matin, de ce liquide ; il faudra cependant lui faire porter de nouveau le sceau. De cette façon on pourra fort efficacement broyer dans les reins le sable et tartre ; là aussi l'esprit de vitriol Romain est très efficace. Suit la forme des caractères du sceau.

Des parties génitales

L'érection du pudendum est en quelque sorte une sympathie venue d'un souffle épais qui étend le corps comme un spasme. Diverses causes empêchent cette appétence et ce prurit. Il y en a de naturelles : si, en effet, quelqu'un perdait sa virilité à la suite d'une cause naturelle, nous userions du remède suivant. Sur un parchemin récemment préparé, écris les signes et mots suivants et attache-les autour du pénis :

AVGALIRTOR *Galizozoµµιλι*

ˊȢⳞΛΙ

Tu changeras cette membrane tous les jours, et cela pendant neuf jours, le matin avant le lever du Soleil. Tu rouleras ladite membrane à l'endroit qui se découvre quand le prépuce est quelque peu rétracté. Tu le laisseras jour et nuit, le changeras avant l'aurore et brûleras l'ancienne que tu auras enlevée ; tu en boiras la cendre dans une gorgée de vin chaud. Ce remède est à la fois puissant et économique. Celui qui redoute ce mal pour lui-même peut porter au cou ces signes et paroles gravés sur une lame d'argent ; dans ce cas, la gravure doit en être faite avant le lever du Soleil. Tu pourras faire avec de l'or la préparation de la lamelle et la gravure des signes : C'est un spécifique certain.

Des prestiges et des bénéfices, fruits de la méchanceté et de l'art d'hommes pervers, ont-ils aboli la virilité ? Un fer à cheval trouvé dans la rue te servira à faire une fourche de fer à trois pointes, le jour de ♄, à l'heure même de Saturne ♄, suivant ce modèle :

Sur les pointes de cette fourche tu graveras ces trois sortes de caractères et de paroles, le jour du Soleil, le matin avant le lever de cet astre, et sur la poignée, ses caractères propres. Cela fait, tu planteras cette fourche dans un cours d'eau, de telle façon que la poignée ne sorte de nulle part et qu'on ne puisse la trouver facilement. De la sorte, tu seras libéré au bout de neuf jours, et celui qui t'a fait souffrir se verra frappé d'un autre mal qui ne le quittera pas de sitôt. Ainsi c'est évidemment par la nature qu'il faut s'opposer à ces artifices diaboliques, de même que le Christ repoussa le Diable dans le Désert par une citation de l'Écriture, etc.

Comment assurer une longue vie au cheval

D'aucuns me soupçonneront peut-être d'user de prestiges ou autres semblables œuvres magiques. Déjà une fois, j'ai positivement affirmé que je n'avais jamais rien écrit qui ne pût être expliqué par la Nature, par les vertus célestes et leurs influences, et dont nous n'ayons fait nous-même l'expérience. Nous redisons en ce moment la même chose. Si tu fais pour ton cheval un mors en peau de lion et que tu y écrives, en temps opportun, ces mots et caractères, tu verras alors ton cheval plus vivace et plus endurant non seulement que les autres chevaux, mais encore que l'homme même, et sa force ne lui manquera pas comme à ses congénères. Tu pourras te servir, pour ton usage habituel, de l'animal fortifié par la puissance de ce frein pendant trente ou quarante ans et plus en sus de l'âge moyen des chevaux. Que ton frein soit fait de telle sorte qu'il puisse s'appliquer en guise de muselière, afin de demeurer en place si tu écartes le mors, etc. Ce frein doit être fait avec de la peau de lion. Le corroyeur tannera ladite peau à l'heure de Jupiter. Le cuir une fois préparé par le corroyeur, le sellier coupera la bride à l'heure de Jupiter. Il préparera le frein quand il voudra. Quand le frein sera fabriqué, tu attacheras à l'heure de mercure ☿, des lames d'étain, préparées comme il suit :

Et tu coudras ces lames aux parties capitales du frein. Les lames suivantes devront être fabriqués de[6] ♀, à l'heure de la Lune, de façon qu'elles se trouvent à la partie antérieure du front et dans la région du nez.

Ces lames nombreuses devront être faites d'argent.Z.55.A.K.R.X.X.X.X.X. Les mors suivants devront être fabriqués avec de l'or, à l'heure du Sagittaire . Passe ce frein à ton cheval,

---

[6] Cuivre.

à l'heure ♀ : tu verras alors combien la nature peut apporter d'aide, par l'intermédiaire des signes, des caractères et des paroles, si tu agis en temps opportun.

Onguent vulnéraire

La sympathie ou harmonie des choses est cause de beaucoup d'événements. Nous avons expérimenté la vérité de cet axiome avec l'*Usnea*[7] trouvée dans un crâne humain abandonné quelque temps sous le ciel. Avec ladite *Usnea* on composera le remède suivant :

4. *Usnea* ℥ ij. *Mumia*[8] ℥ β.
   Graisse humaine ℥ ij. *Sang humain* ℥ β.
   Huile de lin ℥ ij. *Huile de rose* ℥ j. *Bol Arménien* ℥ ij.

Broie tout cela dans un mortier jusqu'à consistance d'onguent, et tu l'enfermeras dans une boîte de bois. Si on te présente une blessure, enduis un morceau de bois du sang de la plaie, plante ce bois sanglant dans l'onguent, après que le sang aura séché d'abord sur le bois. Tous les matins, entoure la blessure d'une

---

[7] Usnée, sorte de lichen ; croît – en général – sur les arbres (ndt). *Usnea,* en lat. du moyen âge, de l'arabe *ashnah,* mousse. Terme de botanique. Genre de lichens. L'usnée humaine était une sorte de mousse verdâtre que les anciennes pharmacologies mentionnent et que l'on recueillait sur des crânes humains longtemps exposés à l'air, particulièrement sur ceux des pendus, et à laquelle on supposait des propriétés miraculeuses (NDE).

[8] Munia, plante sauvage qu'on trouve dans les sépulcres des gens embaumés, dans lesquels l'humeur des cadavres s'est dissoute avec l'aloès et la myrrhe dont on s'est servi pour apprêter les corps. Elle ressemble à de la poix marine (Ducange).

bandelette nouvelle, auparavant trempe dans l'urine du blessé. Quelque grande que soit ladite blessure, elle sera guérie, sans emplâtre, sans aucune douleur. De cette manière, tu pourras guérir des gens à vingt milles de toi, à condition que tu puisses te procurer une certaine quantités de sang du malade. L'on peut appliquer ce même remède à d'autres maladies, telles que maux de dents, etc. N'importe quelle douleur sera guérie, si tu plantes et laisses le bois sanglant dans cette pommade. Si un clou trop profondément enfoncé blesse un cheval, mets dans l'onguent le bois teint de son sang ; le cheval n'aura plus aucune douleur. Tout cela, à coup sûr, est miracle et don divin.

Onguent des armes

Par ce même moyen, tu peux aussi préparer un onguent qui, sans douleur, guérira toute blessure, si tu enduis de cet onguent les armes qui auront blessé quelqu'un. L'onguent est le même que celui ci-dessus ; tu y ajouteras ℨ j. de miel et ℨ j. de graisse de taureau. Comme on n'a pas toujours les armes sous la main, la cure par le bois est excellente.

Contre la goutte aux pieds

Primo ♃. *Mumia, Mastic, Myrrhe rouge, Oliban, Ammoniaque, Opoponax, Bdellium an.* ℨ ij.

Vitriol ℔ j. *Miel* ℔ ij. *Tartre* ℨ j.β. *Eau-de-vie* ℔ 3/4.

De toutes ces choses distillées compose une huile. Ensuite :

♃. *Mandibule inférieure d'un cheval ; réduire en*

poudre ténue et en extraire de l'huile. De cette huile de cheval ♃ ℥ ij. Huile (plus haut) ℥ iiij. Mélanger, mettre de côté et distiller. En outre, fabrique les caractères suivants

♃ *Or fin*	*Argent* . . . . ℥ j.
Limaille de fer . . . ℥ j.	*Plomb* . . . . ℥ ij.

Liquéfie ensemble ces métaux à l'heure de la nouvelle Lune. Que le feu soit fort pour que la limaille de fer puisse, dans sa fusion, se mêler aux autres métaux : en effet, elle fond lentement. En conséquence, on la mélangera avec un œil — comme on dit — de Borax[9], pour la faire plus rapidement couler. Une fois le tout en fusion, répands le métal liquide sur une pierre large, pour que la lamelle soit moins épaisse. Elle ne se laisse pas facilement battre, car la limaille de fer la rend peu ductile. Ensuite, à l'heure précise où Saturne est en conjonction avec Mars, grave et termine les mots, signes ou caractères. Des pièces qui suivent, il en est deux dont un côté seulement sera gravé et marqué, comme suit :

---

[9] Arabe, *bôrac*, du persan *bourah*. Sous-borate de soude (nde).

Si tu as marqué et achevé, pendant l'heure de la conjonction de Saturne et de Mars, les deux pièces susdites, mets-les de côté, séparées l'une de l'autre, afin qu'elles n'aient aucun contact entre elles. Ensuite, fais un mince sceau d'or pur et fin. Vénus céleste en conjonction avec Saturne et Mars, grave ces caractères, signes ou noms sur le sceau. Si tu rapproches les sceaux, prends-y bien garde. Vénus en conjonction avec Saturne, applique la pièce marquée 2, sur la face ou pièce du sceau supérieur marqué 4. Vénus en conjonction avec Mars, applique le côté de la pièce marquée plus bas 2, sur celle marquée 5. La lune dans le 6e degré du Cancer, place les trois médailles susdites dans l'ordre et les unes contre les autres, de telle façon que la pièce d'or soit au milieu, et tourne-les dans l'ordre indiqué. Ensuite perce les trois pièces par le milieu et suspends-les au cou du patient réunies, conglutinées si je puis dire par un fil de fer qui les traversera. Étends sur ses membres de l'huile susdite. Tu verras, par la suite, des opérations de la nature très remarquables, voire sur des sexagénaires. Suit la forme de la pièce d'Or.

39

Onguent sympathique contre la goutte

Si tu as tiré du sang ou posé des ventouses à tout sujet atteint de cette maladie, garde ce sang, à son insu ; qu'il en ignore la destination. Distille ce sang sur un feu doux ou dans un bain-marie, environ par trois fois.

Eau susdite ℥ ij. Ajouter : *Graisse humaine* ℥ j. *Huile rosat* ℥ β. *Savon vénitien finement liquéfié* ℥ β,. *Graisse d'ours* ℥ j. *Suc de la grande joubarbe* ℥ j. *Moelle de taureau* ℥ β.

Mets pêle-mêle toutes ces substances dans un chaudron de cuivre ; soumets-les à une cuisson lente jusqu'à ce que le mélange ait atteint la consistance de la bouillie ; agite sans cesse avec une spatule de bois. Lorsqu'elle aura atteint la consistance d'onguent, la cuisson sera suffisante. Puis, une fois par semaine, la Lune en ascendant, scarifie la plante des pieds du malade, à l'endroit atteint de la goutte, et en un lieu chaud étends ton onguent sur les scarifications. Au bout de sept semaines, la goutte aura disparu. La force de cette pommade est en raison directe de sa vieillesse. Elle gardera pendant dix ans son efficacité, pourvu qu'elle soit au frais.

Contre la paralysie ou contracture

Le remède de cette maladie est *l'huile de soufre,* ce qui n'est pas à mépriser. Tu le prépareras ainsi :

2. Soufre pulvérisé très finement quant. ℔ β. Mets dans un vase d'argile sur lequel tu placeras un alam-

bic de verre, et sublime. Place dans une pièce humide, à fin de dissolution, tout le soufre qui montera et restera dans l'alambic. Il en résultera qu'au bout de quelque temps, il tournera en huile, puis tu prépareras la composition suivante :

4. *Huile de soufre* ℈ ij. *Savon Hongrois* ℈ iij.
   Eau-de-vie ℈ iiij. *Huile d'olive* ℈ j. *Rosat* ℈ j.

Opère la cuisson de toutes ces substances comme précédemment pour l'onguent de la goutte. Veille à ce qu'il ne s'enflamme pas : Il prend en effet rapidement feu dans un bain sec, étends cette pommade sur les membres, trente jours de suite. Cela convient surtout aux membres inertes.

Sceau contre la Paralysie

Or, du poids de la pièce d'or Hongroise. Qu'il soit pur, vierge de toutes scories, et passé trois fois par l'antimoine. Ajoute quelque peu de Borax, et fonds, la Lune dans le 19e ou 20e degré du Capricorne. Une fois ce mélange liquéfié, jette à la même heure 30 grains de limaille de cuivre et répands. Mets de côté jusqu'à ce que la Lune soit dans le même degré du Scorpion ; fonds et jette 30 grains de limaille de fer. Répands encore et mets de côté jusqu'à ce que la Lune entre dans le Lion. Puis lamine et achève jusqu'aux signes qui doivent être gravés. Fais cela à l'heure de Jupiter. Ici, inutile de faire attention à la Lune, tant qu'il ne s'agit pas de suspendre le sceau. À l'heure de Jupiter, grave les signes sur les deux côtés de la médaille comme suit. Tu porteras sur toi ce sceau roulé ou cousu dans du lin ; mais qu'il ne soit en contact avec aucun objet. Il faut le suspendre le jour de Jupiter, à l'heure de Jupiter. Suivent les formes des sceaux.

Pour les menstrues des femmes

C'est une grave incommodité que celle qui attaque le sexe des femmes et surtout à un certain âge. Celles-là sont plus saines et plus fortes, qui à certaines époques, manquent ou abondent en menstrues. Il y a deux manières de les guérir : d'abord forcer l'écoulement immodéré des menstrues à s'arrêter et à reprendre son cours normal, puis de pousser et provoquer les menstrues absentes. Mais il ne faut pas agir contre la nature : cela entraînerait des conséquences mortelles.

D'abord, pour faire venir les mois en retard, fabrique soigneusement, à l'heure de Vénus, un sceau de cuivre pur et sans alliage ; nous en démontrerons bientôt la raison. Si tu ne peux le faire en une heure, laisse-le jusqu'au retour de cette heure. Achève alors l'œuvre commencée. Voici la forme du sceau.

Ce sceau doit être fait d'une seule pièce. La femme le portera suspendu par un fil qui transpercera les deux oreilles, de façon que la médaille soit fixée dans le dos contre le sacrum, au bout de l'épine dorsale. Les caractères doivent être tournés contre le corps. Il faut le faire à l'heure de la Lune, celle-ci à son déclin ou déjà disparue. Si les mois coulent plus immodérément que la nature ne le comporte, grave à l'heure du Soleil ces caractères sur de l'argent pur :

La femme portera cette pièce non à même la peau, mais roulée dans de la soie et attachée sur le nombril, de telle sorte que le côté marqué IO regarde le corps. Si le flux tarde encore, elle portera le sceau pendant trente jours et le retirera ensuite. Si elle le portait constamment, le flux serait continuel et, dans ce cas, ce serait pis qu'auparavant.

Contre la lèpre

Les présents remèdes sont d'un faible secours à ceux qui sont lépreux de naissance, mais nous en avons d'autres efficaces. La lèpre —c'est une vérité reconnue— peut être atténuée, mais non guérie radicalement dans le sang, par une potion dans laquelle on a jeté de l'or. En voici la cause: Tout homme sain porte en lui un baume particulier. Le lépreux n'en a pas, il s'en suit qu'il n'est pas sain; aucun membre glacé n'a de baume en lui. Le lépreux ne sent même pas la force de l'or descendre dans le ventricule[10]. Si celui-ci distribue par la suite de l'or dans les membres, une certaine humeur (rendue par l'or ou répandue hors de lui-même) en résulte semblable au susdit baume. C'est pourquoi l'action et la marche de la lèpre sont arrêtées jusqu'à épuisement de la force de l'or. Les médecins ne peuvent distinguer la lèpre si le malade, trois jours avant la consultation ou visite, a pris de l'or. Ici nous parlons non des lépreux absolus, mais de ceux dont l'atteinte est mal définie. Dans ce cas-là, il y a un remède fort efficace dans l'emploi simultané des remèdes et du sceau. Le sceau se fait un peu grand, d'or pur et fin manufacturé à l'heure de Saturne. Les caractères sont gravés à l'heure du Soleil, la Lune et le Soleil dans le Lion, ce qui arrive au mois de juillet.

---

[10] Estomac.

Tu suspendras ce sceau au cou du lépreux, à l'heure de Vénus et la Lune en ascendant. On peut le mettre à tremper dans une boisson et l'administrer, puis le suspendre de nouveau. Tous les ans, il faut le refaire au mois de juillet. Sa force disparaît chaque année, ce qui permet à la lèpre de travailler à son aise dans le corps humain qu'elle a une fois attaqué et dont elle s'est emparée.

Contre le Vertige

Ceux qui sont atteints de vertige voient le ciel et la terre tourner autour d'eux. D'autres voient voleter devant leurs yeux des mouches et des fumées. Ceux qui souffrent de pareils symptômes sont prédisposés à l'Épilepsie ou à l'Apoplexie. C'est une perversion du cerveau qui, par une vapeur épaisse de l'estomac redescendant par le nerf optique de la tête dans l'estomac et remontant dans la tête, obscurcit les esprits tant des yeux que des autres sens. Contre cette affection-là, fais un sceau de la façon suivante :

À l'heure de Mars, au jour de Jupiter, la Lune dans le Bélier (il n'est pas d'aspect de Mars plus favorable et, à ce moment, aucune planète n'est en mauvais aspect avec Mars), donc à l'heure susdite :

4. Or ♂ β. Fer ♂ ij. Argent ♂ v.

Fonds ensemble ces trois métaux, purs et choisis. Après la fusion, bats-les au marteau jusqu'à les réduire en lamelle mince : tu ajouteras une oreille ou petit anneau. Grave sur ce sceau les signes suivants et appends-le à l'heure de la Pleine Lune, au moment précis de la mutation.

Tout en portant ce sceau, tu pourras même y adjoindre ce remède.

4. Origan . . . . *gr.* iiij.
Licorne. . . . . *gr.* ij.
Musc. . . . . *gr.* j.
Esprit de vitriol . . . . *gr.* iiij.

Fais prendre ce médicament avec une cuiller d'argent, vers trois heures du matin, pendant treize jours, de telle façon que le malade ait toujours une heure pour se reposer.

Contre le Spasme

Fais une mixture d'Or, d'Argent, de Cuivre et de Fer que tu développeras au marteau en long et en large. Puis fais un sceau à l'heure de Saturne, le Soleil étant couché. Fais aussi un anneau avec les métaux susdits, graves-y les signes suivants et passe-le immédiatement après au doigt auriculaire gauche. Il faut faire tout cela aux temps, heure et jour susdits. Les signes sont les suivants

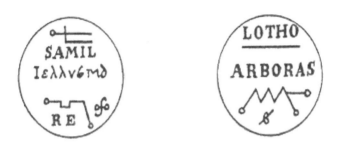

Contre les Palpitations du Cœur

Le cœur de l'homme bat quelquefois fort apparemment. Nous nommons cela palpitation du cœur. Cette maladie est fréquente chez les grands et chez les princes : elle atteint difficilement les gens du peuple. Cela prouve à l'évidence que, par sa providence admirable, Dieu a donné à chaque classe ses maux et ses souffrances particulières et n'a eu de considération pour personne en l'épargnant. Cette maladie est loin d'être légère. Lorsqu'elle attaque les racines de la vie, non seulement elle torture le malade par de fréquentes syncopes, mais à la fin le tue complètement. Elle a son siège dans le filet qui enveloppe le cœur[11]. Pour y remédier, tu étudieras le temps et préparera

---

[11] Péricarde.

un sceau de la sorte. Primo 4. *Jour de la Lune, heure de la Lune, Argent 3 β.* Jette dans un creuset d'argile et laisse jusqu'au moment de l'heure du Soleil, à savoir à quatre heures dans l'ordre des heures mobiles. À ce moment, mets ledit argent sur le feu et liquéfie. Dans le métal liquéfié jette 3 ij d'or bon et fin, presse le tout ensemble, ne répands pas. Laisse les refroidir ensemble jusqu'à l'heure de Vénus. Puis liquéfie de nouveau et jette 3 ij. de Cuivre pur. Cela fait, répands, bats le lingot très mince, et prépare-le à recevoir les signes. Attends un bon aspect de la Lune et de Vénus. Sous cet aspect, grave après les deux premiers signes le mot *pannositam* et rien d'autre. Grave-les d'après la forme prescrite. Ensuite, au moment de la Lune nouvelle, grave au-dessous les trois signes inférieurs suivants, de telle façon que les deux supérieurs les surmontent. La nouvelle Lune passée, laisse de côté jusqu'à la pleine Lune suivante. Enfin, et de nouveau à la nouvelle Lune, au-dessus de tous ces signes, grave du même côté les paroles que tu trouveras sur la figure ci-après :

Ceci fait, attends le passage du Soleil dans le Lion pendant la première entrée du Soleil, grave de l'autre côté ces caractères et signes. Il faut que toutes ces opérations soient entreprises et achevées dans l'heure dite. Tu suspendras ce sceau préparé et achevé à la poitrine mise à nu du malade, à l'heure et au point de changement de la pleine lune. Il est contre cette palpitation de cœur un arcane très puissant, ainsi que notre or potable, et la quintessence de perles préparée selon notre formule.

Préparation d'Huile de Corail et de Succin[12]

2. *Corail* ℔ j.

Sel commun M iij. *Broyer ensemble et réduire en poudre très fine. Mettre ensuite dans un alambic et recouvrir de pâte suivante :*

2. *Boue commune ou argile. Os de la tête de quadrupède. Limaille de fer, verre, sel commun, céruse, le tout arrosé ensemble.*

Ensuite, place le verre enduit d'argile dans une *capella*[13] (comme on dit) remplie de sable, soumets à un feu lent. Ensuite soutiens-le graduellement jusqu'à ce que les esprits et les radiations montent dans le récipient. Pousse le feu pour faire évaporer toute l'eau. Cette huile de coraux est un remède admirable pour les palpitations de cœur, si elle est employée seule sans adjuvant.

Pour la fracture des os

De quelque façon que les os soient brisés, contus

---

[12] Ambre jaune.
[13] Chapelle : Sorte.

ou broyés, —ceux-ci étant variablement affectés—
enduis-les de l'onguent suivant, une fois joints de
nouveau et unis. Et de la sorte tous les fragments
seront de nouveau complètement consolidés.

℞ *Miel* . . . . ℥ ij.
Antimoine, Huile de vitriol. . . . . ℥ ij.
Graisse de blaireau . . . .℥ j.
Suif de cerf . . . .℥ j.
Cire . . . . ℥ ij.
Savon. . . . .℥ j.
Térébenthine . . . .℥ j. β.
Graisse d'ours . . . .℥ j.

Cet onguent guérit admirablement si, dans un lieu
chaud, c'est une main chaude qui l'étend, afin de le
faire pénétrer.

LIVRE SECOND : Des sceaux des douze signes du zodiaque et des secrets qu'ils renferment

Bélier

Le mouvement du ciel s'accomplit circulairement d'après les douze signes qui forment autour du ciel une ceinture comme un cercle entourant un corps ; cette ceinture, cette sorte de voie, nous l'appelons Zodiaque[14]. Le premier signe est le Bélier ; onze autres le suivent dans l'ordre suivant : les voici :

♈ Bélier.	♌ Lion.	♐ Sagittaire.
♉ Taureau.	♍ Vierge	♑ Capricorne.
♊ Gémeaux.	♎ Balance.	♒ Verseau.
♋ Cancer.	♏ Scorpion.	♓ Poissons.

On fabrique le sceau du Bélier avec les matières suivantes, savoir :

♃ Fer . . . . ʒ β.	Or . . . . ʒ ij.
Argent . . . . . . ʒ j.	Cuivre . . . . ʒ β.

---

[14] Cfr. Agrippa. Opera. Lugduni per Beringos Fratres, t. I. *De occulta philosophia*, lib. secund., p. 159 à 162. Le lecteur y trouvera nombre de rapports en concordance avec ceux indiqués par Paracelse.

Ces quatre métaux doivent être fondus ensemble, le Soleil entrant dans le Bélier —cela arrive le dix mars— au point d'entrée du Soleil ; il faut opérer la fusion avec un feu puissant et fort. Il est nécessaire que les métaux soient réduits en limaille, autrement leur liquéfaction s'opérerait moins bien. Toutes les matières fondues et préparées, le jour de Mars, la Lune dans le signe du Bélier (ce qui n'arrive qu'une fois) aux environs du neuvième ou dixième degré du Bélier, il faut graver et achever ce sceau dans la même heure, et le suspendre enfin quand Mars se trouve le neuvième jour du domicile céleste dans le huitième ciel. Ce sont les sceaux et caractères ci-dessus.

Ce sceau est un remède assuré contre tous écoulements descendant de la tête sur la nuque et les épaules. Son effet est de purger le cerveau et de dessécher entièrement son phlegme. On obtient ces résultats en le portant jour et nuit en contact avec la tête, le signe du Bélier tourné au-dessous du cerveau.

Taureau

Ce sceau se fabrique avec les métaux ci-après indiqués :

♃ Vénus [Cuivre] .... ♄ j.   Jupiter [Étain] ..... ♄♄ j.

Mars [Fer] .... ♄♄ β   Soleil [Or] .... ♄ ij.

Ces métaux doivent être réunis et liquéfiés ensemble, à l'entrée du Soleil dans le Taureau, chaque année aux environs du 8ᵉ d'avril. Il faut le faire directement à l'entrée du Soleil dans ce signe. Au même instant, il faut avoir commencé, gravé et entièrement achevé ce sceau. Autrement il serait sans efficacité. La Lune dans le 10ᵉ du Taureau, c'est l'heure de suspendre ce sceau. Il faut fabriquer des matrices de fer semblables à celles dont on se sert pour frapper les monnaies. Sur ces matrices seront gravés les signes qui conviennent : c'est afin que, de suite après la fonte du sceau, en quelque sorte sur le moment, l'on puisse imprimer les caractères ci-dessous prescrits. De la sorte, l'œuvre avance plus vite. On peut faire de même pour les autres sceaux. Les heures, en effet, coulent quelquefois trop rapidement pour pouvoir préparer les sceaux. D'où résulte un grave inconvénient : il faut tenir compte que le moment précis est d'une très grande efficacité en ces matières. Figure :

Par sa nature et sa propriété, ce sceau est un

remède efficace pour ceux qui se sont vu enlever la virilité. Suspendu de manière à toucher le nombril et à faire toucher le corps au signe du Taureau, il est d'une aide assurée tant aux hommes qu'aux femmes.

Gémeaux

Le sceau des Gémeaux doit se préparer avec les métaux : Or et Argent, poids égal ℥ j ; au travers du sceau, il faut passer un roseau court de la dimension d'une plume d'écrivain. Voici comment il faut qu'il passe : les figures de la pièce dans le sens vertical, on y passera le roseau que l'on obturera de l'autre côté par du mastic et que l'on emplira de mercure vif avant d'obturer l'orifice supérieur. Il faut d'abord faire cela, une fois la mise en œuvre de la pièce. L'or et l'argent susdits seront liquéfiés ensemble, à l'entrée du Soleil dans le signe des Gémeaux, suivant l'année pour, vers le 10e ou 11e de mai, date qui peut varier. On fera donc attention à la condition astrologique de l'année, pour l'exécuter efficacement. Tu graveras les signes et les caractères suivants, quand la Lune traversera le signe du Lion et des Poissons.

Tu le suspendras à l'entrée de la Planète Mercure dans la première maison du ciel ; le même ciel se présentant clair, pur, limpide. Quand on le portera, le signe des Gémeaux sera tourné du côté du corps. Le Mercure devra être versé dans le roseau le jour ☿, à l'heure du même, la lune en décours.

Cancer

Ce sceau se fabrique, avec du bon argent, choisi et fin, de la grandeur que tu voudras, à l'heure de l'entrée du Soleil dans le signe du Cancer. Cela arrive vers le 10e ou 12e de juin. S'il ne tombe aucun mauvais aspect entre la Lune et les autres Planètes, tu graveras ce signe à l'heure de la Lune. Il faut le faire en ascendance de la Lune, et la même heure doit en voir le commencement et la fin. Autrement cela serait inutile.

Tu suspendras ce signe, à l'heure de la Lune en décours, le jour de la Lune. Il le faut conserver et porter proprement. C'est pour le pèlerin un fidèle compagnon, un sûr remède pour l'hydropique. Il sert dans toutes les affections du corps causées par l'excès des humeurs et du phlegme.

Lion

Le sceau du Lion se fait d'or pur et fin pendant le seul mois de juillet, quand le Soleil entre dans sa propre maison, à savoir celle du Lion et vers le 13e ou 14e du dit mois : il convient toutefois de le fondre dans le premier degré dudit signe et dans la même heure. Puis, la planète Jupiter étant dans sa propre maison, à savoir dans les Poissons, ces figures doivent être gravées d'un seul côté. Mais, dans ce cas, la signature de l'autre côté doit être faite, la Lune versant dans la maison de V, savoir les Poissons. Il convient d'y veiller avec soin afin de ne pas remettre de nouveau au feu le sceau après la fusion. Autrement les opérations et le travail seront inutiles.

L'autre côté doit être marqué de la manière prescrite sur la figure. On suspendra ce sceau au cou, à l'heure et au jour du Soleil. Il donne à celui qui le porte une force admirable dans tous les jugements, et lui concilie la faveur et la grâce tant des hommes que des femmes. C'est un singulier secours contre les fièvres quartes. On peut aussi prendre de la boisson versée sur lui ; elle fait œuvre admirable contre la peste, surtout contre celle qui tue par une marche interne. Il sert aussi pour l'inflammation des yeux et des autres ardeurs du corps que nos excès et nos inconstances ont coutume de provoquer. Dans les cas de brûlures, le sceau doit être imposé contre la partie douloureuse, et son aide admirable chassera la douleur ; c'est ainsi que nous avons guéri la brûlure de l'épouse de Nicolas Scherer, notre compatriote, à Villach. Des matières métalliques en ébullition l'avaient brûlée ; nous n'avons utilisé aucun autre remède, et nous avons agi de telle sorte que le lieu affecté n'a subi aucune inflammation ni suppuration. Ajoutons qu'elle a porté ce sceau jusqu'à la fin de sa convalescence.

La Vierge

Le sceau de la Vierge se prépare avec du cuivre ℥ j. Or ℥ β. Argent ℥ ij. Étain ℥ β. Ces métaux sont à fondre les 12e, 13e, 14e d'août à l'heure de l'entrée du Soleil dans le signe de la Vierge, et à battre au marteau en lame mince à la même heure, de suite après la fusion. S'il y a un bon aspect de Mercure avec quelqu'autre des Planètes et que, de plus, ce soit son heure selon l'indice des heures inégales des Planètes dans le ciel, tu graveras sur le sceau susdit ces figures et ces noms, de telle façon que cela soit achevé dans la même heure.

La planète Mercure dans la première maison du ciel, par un temps agréable, pur et clair pour qu'elle ait toute sa force (c'est en effet préférable), tu suspendras ce sceau. Pour le suspendre, il faudra attendre l'heure de Mercure, pourvu que le mouvement du ciel le place dans sa première maison. Sinon il n'y a aucun autre moment favorable à la même heure. Il serait plus avantageux de faire coïncider sa suspension avec l'heure de Mercure.

La Balance

Voici la formule de la Balance, figures et sceaux. On fond et on coule du cuivre pur et choisi, à l'heure où le Soleil entre dans la Balance. Cette entrée du Soleil dans la Balance a lieu au mois de septembre, les 12e, 13e, et 14e après le commencement de l'année. Mais faire attention: si Vénus est cette année-là maître ou réservateur, la force admirable de ce sceau disparaît pour ceux qui le portent gravé et préparé comme ci-dessus (surtout s'ils sont sujets de Vénus). Vénus entrant dans le signe de la Balance, ces caractères, mots et signes doivent être gravés et suspendus à l'heure de Vénus vers la 9e ou 10e heure du même jour(elles sont dominées par Vénus), comme suit:

Ce sceau est fort efficace contre toutes incantations féminines qui enlèvent aux hommes leur virilité. Il sert même contre toutes maladies des parties honteuses, etc.

Scorpion

Le sceau du Scorpion se fait de fer pur à l'heure et au jour de l'entrée du Soleil dans le Scorpion ; chaque annexe vers les 12, 13, 14e d'octobre. Une face est à marquer de suite. Puis à l'entrée du Soleil dans le Bélier, grave l'autre face et suspends-le quand tu voudras.

Ce remède a grande force contre toutes maladies vénéneuse[15]. Il a des vertus admirables pour tous ceux

---

[15] Pbbt. Intoxications ou maladies causant l'empoisonnement du sang (v. Syphilis, Cancer, etc.).

qui le portent au cou, soldats, capitaines, et ceux qui sont en butte à de perpétuelles guerres ou querelles. Dans cette occurrence, il a une puissance extraordinaire. Comme je l'ai dit, ce sceau est en fer et fabriqué suivant la formule ci-dessus, si Mars est maître de l'année et s'il entre dans le premier degré du Scorpion. Puis à l'entrée de Mars dans sa propre maison, celle du Bélier, grave comme ci-dessus et appends à l'heure de Mars. Si on place ce sceau dans une maison, nul scorpion ne pourra y vivre. C'est un puissant remède contre la blessure du scorpion. Il donne aux militaires une grande force dans les combats. Il est aussi de grande utilité aux lépreux qui le portent, et s'ils boivent en même temps de l'or où il a trempé. Voici ce que l'on grave sur un côté :

Un anneau d'or pur doit être fixé à l'extrémité de la queue afin de le suspendre, de manière à ce que la tête soit en bas. C'est un expédient excellent contre les punaises, si on le fixe au bord du lit.

Le Sagittaire

La préparation du sceau du Sagittaire se fait au moment de l'entrée du Soleil dans le Sagittaire (annuellement vers le 12 ou 13e novembre) et dans le Ie degré dudit Sagittaire. Marque-le à l'heure de Jupiter et suspends-le à la même heure, la Lune en ascendant. J'ai découvert ce sceau après de longues années et l'ai expérimenté suivant l'art.

Je me suis servi souvent de ce sceau pour la confusion de mes ennemis ; ils restèrent, devant sa puissance, stupéfiés comme des onagres ; ils n'osaient pas même ouvrir la bouche. Son anneau doit être d'argent, mais le sceau tout entier d'étain sans aucun alliance. Il veut être gardé et porté en état de pureté car s'il est gardé pendant le temps du commerce, il perd sa force et son efficacité.

Capricorne

Ce signe nous met en rapport avec Saturne, et son Sceau se fait avec de l'or. Le plomb ne donne aucune puissance d'opération aux autres métaux. L'anneau doit être de cuivre. Prépare-le à l'heure de l'entrée du Soleil dans le Capricorne, le Soleil à grande distance de nous. Grave au jour de Saturne et à l'heure du même. Puis si, par hasard, Saturne est rendu influent par un bon aspect avec les autres astres, suspends-le à l'heure de la conjonction et la Lune en décours. Peu importe que ce soit la Lune ou une autre planète.

Cette pièce peut à bon droit se dire favorable au peuple. Ce sceau guérit totalement — c'est certain — ce qu'on appelle un lupus aux jambes. Les anciens l'ont ignoré : ils tenaient pour assuré qu'il n'y avait aucun remède contre cette maladie, et pourtant il était un remède assuré en dehors de tout autre.

Verseau

À l'entrée du Soleil dans le Verseau au mois de janvier, tu feras ce sceau avec l'alliage suivant : ♃ *Or* ʒ β. *Argent* ʒ j. *Saturne* ʒ ij. *Mars* ʒ j. Qu'à l'heure susdite, il soit fondu, gravé, ciselé. À l'entrée de la planète Saturne dans la neuvième maison du ciel, grave rapidement les figures et les paroles dans l'ordre. Tu ne dois le suspendre qu'au moment où le Soleil est couché. Il faut observer aussi l'heure de Saturne.

Ce sceau te servira contre la paralysie, la goutte

froide, la tension des nerfs et des tendons. Il sert à conserver la mémoire et met ceux qui le portent en faveur auprès des hommes. Il sert d'antidote à tous les poisons. Ce modèle est utile contre les araignées. Si on met le sceau près d'elles, elles s'éloignent rapidement et ne reviennent plus.

Poissons

Le sceau des Poissons se fait au mois de février, à l'entrée du Soleil dans le signe des Poissons, On se sert des métaux suivants : *Or 3 j. Argent 3 ij. Étain 3 iiij. Fer 3 j. Cuivre 3 j.* La même heure doit le voir fondre et apprêter. Puis, quand Jupiter est favorable dans la huitième maison du ciel, on suspendra ce sceau au jour et à l'heure de Jupiter. Cet objet est d'une très grande efficacité pour réprimer et dompter la colère, qui occasionne les Paralysies, l'Apoplexie, la Colique et autres maladies. Le port de ce sceau détourne toutes ces choses, chez l'homme comme chez la femme. Il adoucit la goutte, le spasme et les autres douleurs des pieds.

Ce sceau doit prendre assez bas pour adhérer au-dessous du nombril, contre le ventre.

Et ainsi finit le livre des douze signes et de leurs secrets.

LIVRE III

De même, si tu vois dans le ciel Mars et Saturne en conjonction, prends du fer avec lequel tu formeras et façonneras un rat, et travaille à l'achever avant la fin de la conjonction. Sur le ventre, tu graveras, à l'heure de Jupiter, les mots albamatatox. Puis, la Lune versant dans le Cancer, et vers le IXe ou X^e degré, sur le flanc gauche ΙΥΚΘΕΜΩΧΑΧΙΧ. Enfin, la Lune en décours et versant dans le IXe ou X^e degré des Poissons, grave sur le flanc gauche בגשתחם ; sur le dos, à l'heure de la pleine Lune et à son propre point, marque tout droit le long de l'épine dorsale jusqu'à la queue, avec ce signe o+ qui doit regarder la tête.   ⊢—o+ NATURA SUA

Enfin fais avec du plomb pur un collier pour le col du rat, et la Lune croissante, au jour de Saturne, à la première heure nocturne (qui est la première heure de Saturne) grave dessus ces caractères IL Con. , V ABEλια. Ceci fait, mets au rat le collier à la conjonction de W et U comme précédemment. Place le rat à peu près au milieu de la maison : les rats et les loirs s'en iront et fuiront les bâtiments. Si quelque rat étranger s'introduit furtivement, il ne restera pas plus d'une heure à l'intérieur. Si tu attaches par un fil un rat vivant à ce rat métallique, il ne vivra guère plus d'un instant, mourra subitement et gonflera comme s'il avait mangé quelque chose de vénéneux.

Des Troupeaux

Il ne faut pas, d'autre part, enseigner seulement à guérir, mais il faut enseigner aussi à acquérir. Il faut observer le temps où les brebis meurent en masse, comme par contagion. Tu fabriqueras alors un agneau ou brebis en archal[16], comme nous allons l'enseigner. Sur les limites de ta ferme ou de ta terre, prends trois fois de la terre et extrais du sable d'un cours d'eau voisin de la ferme, ou dans lequel on mène boire le troupeau. Façonne toutes ces choses en les pétrissant, au décours de la Lune. Avec cette terre, cette boue, modèle une figure semblable à une brebis. À l'heure de la Lune décroissante grave çà et là et séparément sur la brebis :

Place cette brebis dans l'étable, saupoudre-la de sel, afin que les brebis viennent y lécher le sel répandu. Consécutivement, elles deviendront plus réfractaires à la contagion et leur mortalité sera moindre. Celles qui étaient antérieurement malades, en léchant le sel, entreront en convalescence, tant la nature est puissante dans les choses de cet ordre ! On peut préparer des remèdes de la même espèce pour les bœufs, porcs et autres animaux, selon les conditions, temps

---

[16] Laiton.

et jours pour chacun. Si les bœufs ont une maladie du sang (comme on dit vulgairement) cette maladie est aussi funeste pour eux que pour les chevaux la maladie dite en allemand *Feissel*. Contre cette maladie du sang tu écriras sur un œuf fraîchement pondu :

AMBRA-MO ⊕ CORELIS 𝖵 VORTIX ⊟

σελμυωνταειχ ℞ πᾳμωχ

Ouvre la bouche de l'animal et, dans l'ouverture, brise l'œuf afin que le liquide reste dans le gosier en le fermant avec la langue de l'animal. Il se rétablira avec le temps. Se garder néanmoins de le faire boire pendant les douze heures qui suivront.

Fais-en de même au cheval malade de la susdite maladie. Brise-lui l'œuf dans la gorge en prenant d'abord garde qu'au lieu du mot Ambramon de la croix supérieure, tu fasses ou substitues

KUPFAMILON:

Le cheval vomira tout de suite. Puis tu lui feras prendre du fourrage additionné de sel et de vinaigre et boire douze heures après. Après avoir mangé, mène-le promener pour le faire transpirer, puis qu'il se repose. Ce sont arcanes de la Nature qui est puissante selon l'époque et le jour, et dont l'action est subordonnée à l'observation du temps (astrologique).

Contre les Mouches

Les mouches agacent très souvent les hommes et, de plus, pendant l'été, nuisent aux aliments. Si elles t'importunent, prends un fer de lance ou une aiguille faite d'acier pur et préparée sous la pleine Lune. Grave ces signes sur le manche ou poignée.

Puis, de la poignée à la pointe, conduis trois virgules oblongues, une dans la nouvelle Lune. Ensuite, s'il y il conjonction de ♄ et ☽, grave ces mots sur longueur de la framée[17], comme suit :

Plante cette framée dans n'importe quelle paro1, et à n'importe quel endroit. Trace autour d'elle, à la craie, un cercle de la largeur du disque ou de l'orbe. Toutes les mouches y voleront et demeureront, jusqu'à ce que tu extirpes la framée. Si tu le fais, elles se répandront partout et tourmenteront les hommes à leur manière.

---

[17] Lat. *framea*, donné par Tacite comme un mot germanique. Arme des anciens Francs, qui était une espèce de lance à fer très long (nde).

PLANCHES

LIBRI PRIMI ARCHIDOXIS MAGICÆ
SIGILLA À SUPERIORIBUS EVARIANTIA
(Sceaux et variantes des précédentes figures du Livre I de l'Archidoxe Magique)

CONTRA CADUCUM
(Contre l'Épilepsie)

AD CONSERVATIONEM VISUS
(Pour la conservation de la Vue)

AD TABEM CEREBRI
(Contre l'anémie cérébrale)

CONTRA PARALYSIN
(Contre la Paralysie)

CONTRA CALCULUM
(Contre la Gravelle)

AD MEMBRA GENETALIA
(Pour les parties naturelles)

IBID.
(Pour les parties naturelles)

PRO VIVACIBUS & DURABILIBUS EQUIS
(Pour les chevaux rétifs et ombrageux)

AD PODAGRAM
(Contre la Goutte)

AD PODAGRAM
(Contre la Goutte)

AD CONTRACTURAM
(Pour les Contractures) — *(Entorses, Foulures, &c.)*

AD PROFLUVIUM MENSTRUUM MULIERUM
(Contre l'excès des Règles)

AD PROFLUVIUM MENSTRUUM MULIERUM
(Contre l'excès des Règles)

AD LEPRAM
(Contre la Lèpre)

AD VERTIGINEM
(Contre le Vertige)

AD SPASMUM
(Contre le Spasme)

AD PALPITATIONEM CORDES
(Contre les Palpitations du cœur)

LIBRI SECONDI SIGILLA
NEMPE 12. SIGNORUM ZODIACI
(Sceaux des 12 signes du Zodiaques, contenus dans le Livre)

ARIETIS
(Le Bélier)

TAVRI
(Le Taureau)

GEMINORUM
(Les Gémeaux)

CANCRI
(Le Cancer)

LEONIS
(Le Lion)

VIRGINIS
(La Vierge)

LIBRÆ
(La Balance)

SCORPIONIS
(Le Scorpion)

SAGITTARI
(Le Sagittaire)

CAPRICORNI
(Le Capricorne)

AQUARII
(Le Verseau)

PISCIUM
(Les Poissons)

LIBRI TERTII CHARARACTERES
À SUPERIORIBUS QUODAMMODO VARIANTES
(Figures du troisième livre, comportant quelques variantes des précédentes.)

CONTRA MURES
(Contre les Rats)
ALBOMATATOX

Ιυθεμῶραλιξ
יורשתחב

I0 . NATURA SUA

IL . Con.3 . ♃ . AB ελια

PRO OVIBUS
(Pour les Brebis)

EFFERRET HOGERET

IAGEREL . ευμῶτί .

Γαλεει . γῶυρῶλ . Sanor . Panor . Tanor .

Ιλῶυφ

Ambramrnis
(al. ambrabo.
Ambramma)

Ibidem

Gorelis

Vorlix

σελμυῶ παρίκ

πεμῶχ

Ibidem
Kupfamilon .

CONTRA MUSCAS
(Contre les Mouches)

Ibidem

LIVRE IV : De la transmutation des métaux, et des époques

Si tu veux transformer l'or en argent ou l'argent en or, ou tout métal que tu voudras en un autre, tu regarderas soigneusement à la table suivante. C'est une étude importante au moyen de laquelle tu pourras parvenir plus vite et plus facilement à la fin de ton entreprise :

Pour changer le Soleil en	☽ ☉ ☿ ♀ ♃ ♄ ♂	Commencer au moment où la Lune verse dans le 6e	♉ ♊ ♈ ♓ ♒ ♍	Toujours dans l'heure de cette planète en laquelle tu changes ☉ ou tout autre	☽ ☉ ☿ ♀ ♃ ♄ ♂
♄	☉ ☽ ♀ ☿ ♃ ♂	Commencer ☽ agissant dans le 20e de (1)	♌ ♏ ♉ ♐ ♓ ♍	Heure (1)	☉ ☽ ♀ ☿ ♓ ♍
☿	☉ ☽ ♀ ♂ ♃ ♄	1er degré de	♌ ♍ ♋ ♉ ♓ ♒	Heure	☉ ☽ ♀ ☿ ♃ ♄
☽	☉ ☽ ♀ ♂ ♃ ♄ ♀	12e degré de	♌ ♍ ♏ ♐ ♈ ♊	Heure	☉ ☽ ♀ ♂ ♃ ♄ ♀
♀	☉ ☽ ♀ ♃ ♄ ♂	9e degré de	♌ ♋ ♐ ♒ ♓ ♐	Heure	☉ ☽ ♀ ♃ ♄ ♂
♂	☉ ☽ ♀ ♃ ♄ ♂	81e degré de	♌ ♋ ♉ ♐ ♏ ♍	Heure	☉ ☽ ♀ ♂ ♄ ♂
♃	☉ ☽ ♀ ♂ ♄ ♂	3e degré de	♌ ♋ ♍ ♍ ♒ ♓	Heure	☉ ☽ ♀ ♂ ♄ ♂

EXEMPLE

Si tu veux changer l'or en argent, tu commenceras à l'heure de la Lune, la Lune occupant le sixième degré du Cancer, si tu comprends bien la précédente table de transmutation des métaux. Car toutes les affaires terrestres, difficultés, rapports et relations de choses se mènent à bien très commodément et très heureusement, d'après le mouvement du Ciel et des Planètes. En effet, Dieu ayant tout ordonné de la sorte, l'universalité des hommes que nous sommes est régie et divisée, tant vers les maladies que vers la santé, par la force et opération du firmament. Et c'est cette opération qu'il faut observer dans la médication. Très souvent, en effet, des choses simples montrent leur puissance en raison de l'aspect du ciel, etc.

APPENDICE[18] — Voici la signification des métaux, pour mémoire :

♄	Saturne.	Plomb.
♃	Jupiter.	Étain.
♂	Mars.	Fer.
☉	Soleil.	Or.
♀	Vénus.	Cuivre.
☿	Mercure.	Hydrargyre.
☽	Lune.	Argent.

---

[18] Addenda des Éditeurs.

LIVRE V : De la constellation du miroir

Voici d'abord la manière de préparer cet instrument royal : le commencer indifféremment chaque mois pendant toute l'année, mais regarder soigneusement le signe en ascendant dans le ciel ; observer attentivement le commencement de chaque signe, son degré au-dessus de l'horizon, ensemble les signes méridiens comme on nomme le milieu du ciel. En outre, savoir la partie du ciel où se trouve la Planète en question, à l'heure et au jour du commencement ou « inchoation » de ce mystère. De même, si la planète est au-dessus de la terre ou au-dessous, et quand elle doit monter à notre horizon. De plus, savoir les conjonctions des Planètes, ou dans quel signe ou degré se trouve le Soleil ou la Lune. Il faut aussi repérer avec grand soin les phases et mutations de la Lune, de même les Équinoxes, sans se servir pour cette computation des règles ou tables de Ptolémée. Les tables de Ptolémée ont été faites en l'an du Christ 140. À ce moment, l'équinoxe fut le 31 mars 2 h. 4 m. du milieu du jour. C'est pourquoi, dans notre siècle, à savoir l'an 1537, il y a environ 5 jours 7 h. 36' d'intervalle. Or, dans la machination de cette œuvre si admirable, il faut prendre garde au véritable Équinoxe ; le lieu de l'Équinoxe doit être pris dans l'Écliptique du 8e Ciel, que j'appelle commencement du Bélier à cause de la division ou répartition. En effet, la première partie dans l'équinoxe à partir de l'Écliptique contient

24 minutes de déclinaison. Et nous avons ce jour de l'Équinoxe

Là le lieu du Soleil est proche de la division de l'Écliptique et du sixième cercle de l'Équinoxe dans le huitième ciel. Et ce point est certain. Or partout où se place le Soleil, soit à l'ascension, soit au milieu du ciel, soit au déclin, là sera le commencement du Bélier et des Signes. Et le Soleil placé en ce lieu, on connaît clairement l'heure du jour d'après lequel le commencement du Bélier et des Signes, partout où ils se trouveront dans le ciel, pourra se savoir d'après le lieu sensible et se découvrir selon l'ascendance dans l'Orient, pendant toute l'année, d'après le mouvement et le lieu du Soleil. Il faut aussi prendre quelques lieux de Planètes selon de l'Écliptique. Cette égalité de description dans le huitième ciel a été formulée par moi Théophraste. Mais toutes ces choses exposées par leur mode et leur marche, passons à l'œuvre en elle-même. Les sept métaux doivent se prendre suivant le poids prescrit, de telle façon pourtant que chacun soit purifié et depuré de la manière que nous indiquons ci-après :

♃	Or	parties ou 1/2 onces......	10
	Argent	».............	10
	Cuivre	».............	5
	Étain	».............	2
	Plomb	».............	2
	Fer	».............	1
	Mercure	».............	5

Tous ces métaux, une fois purifiés, doivent être gardés séparément dans un papier. Il est aussi question d'un miroir. En effet, une telle quantité d'or sert à faire un miroir dont la taille est à peu près celle que nous donnons ci-après :

Il doit toujours y avoir trois de ces miroirs. Dans l'un on voit les images des hommes, tels que voleurs, ennemis on autres ; de même les formes et figures des troupeaux, armes, combats, sièges ; en outre, toutes choses humaines accomplies, ou en cours d'exécution. De jour ou de nuit, cela se réfléchit dans le miroir. Dans le second, on voit tous les discours, paroles, conseils, dits ou écrits, où et quand ils ont été élaborés et enregistrés avec toutes choses décrétées et conclues dans ces conseils, avec leurs causes. Il importe toutefois que ces choses soient faites et passées, car en cette matière rien de futur ne peut être vu ou su. Dans le troisième, seraient toutes choses écrites dans les lettres ou livres et tout ce que la plume a consigné, encore que secret et caché. En résumé, l'homme qui regarde dans cette espèce de miroir, verra apparaître toutes choses qui se font ou se sont faites sous l'horizon, tant à distance qu'à proximité, de jour ou de nuit, en cachette ou en public. Ces miroirs doivent se fabriquer spécialement pour ceux qui doivent en faire usage. Tous les autres pour qui ils n'ont point été construits, ne peuvent y regarder. À noter que si l'on veut faire de plus grands miroirs, il faut prendre plus de métal. Plus grand est le miroir, plus son champ de réflexion est étendu. Si, en effet, on veut connaître les grandes assemblées qui se font en temps de guerre, de conflits ou de combats, un espace étroit ne permettrait, ni aux personnes, ni aux chevaux, ni aux troupeaux ni à d'autres semblables spectacles de s'y reproduire aussi distinctement que dans le grand miroir où ces choses s'offrent beaucoup plus agrandies. Et cependant, il faut autant de travail pour un petit miroir que pour un grand. La seule différence est que dans un petit miroir il y a moins de métal et moins de polissage.

Les métaux, une fois formés, purifiés et taillés, doivent ensuite, pour cette œuvre, être purgés de la sorte. Il est de la plus grande importance que chaque métal soit épuré à l'heure de sa planète correspondante. Au surplus, il faut observer vis-à-vis de cette planète les aspects bons ou mauvais des autres constellations bonnes ou mauvaises.

OR

Si l'or a été par trois fois fondu dans l'antimoine, puis passé et épuré par Saturne, l'œuvre n'a besoin d'aucune autre purification. En outre le battre très mince, faire macérer 24 heures dans l'eau de sel, laver à l'eau pure, essuyer très soigneusement avec un linge de pur lin et mettre de côté pour s'en servir en temps voulu.

Argent

Voici la manière de purifier l'argent. L'étendre en lame mince, puis le faire cuire dans de l'eau additionnée de tartre et de sel pendant un quart d'heure. Retirer, laver à l'eau pure, essuyer avec un linge propre et le garder à part pour s'en servir au moment opportun.

Cuivre

Placer le cuivre dans de l'eau de vitriol (al. de camphre), coupée de vinaigre, et ce pendant 6 ou 8 heures. De la sorte il sera purifié. Laver proprement, sécher, mettre de côté.

Fer

Limer. Laver soigneusement la limaille, et sécher avec précaution sur des braises.

Plomb

Liquéfier le plomb dans une cuiller de fer. Y jeter un morceau de cire de la grosseur d'une fève, qui s'y consumera. Puis répandre dans de l'eau pure.

Étain

Fondre de l'étain, y jeter du suif, de la cire ou du

miel qui brûleront sur lui; répandre l'étain dans de l'eau pure, sécher, mettre de côté.

Vif-Argent

Passer par trois fois au tamis dans un vase de bois propre. Ce qui a passé, est suffisamment bon et purifié pour cette œuvre, ce qui est resté dans le tamis est sans valeur. Garder à part ces métaux. Toutes ces choses seront ainsi préparées pour commencer.

Ceci fait, il faut soigneusement et exactement connaître la complexion de la personne, homme ou femme, pour qui ce miroir est fabriqué : à savoir par le thème de la nativité comme nous l'avons plus clairement enseigné ci-dessus ; non pas comme certains le font en dressant ce thème d'après l'heure officielle de l'accouchement, mais en remontant par le calcul (de l'heure de l'accouchement au moment exact de la conception) à l'heure et au point mêmes où le Dieu tout puissant envoya une âme vivante au fœtus dans le sein de sa mère, et au premier instant où elle commença de vivre. Ces heures se présagent et se devinent d'après les fondements que moi, Théophraste, ai posés et établis exactement et véritablement pour n'importe quel homme, jeune ou vieux. La nativité de l'homme une fois relevée, sa complexion connue, ensemble les planètes et les signes, ce sont des éléments suffisants pour cette œuvre. Il ne s'agit pas ici de savoir sa fortune, son infortune, sa mort, sa vie, ses maladies ; non, il suffit de savoir la révolution de l'année pendant laquelle il est né.

Suit la table où apparaît le principe du miroir pour n'importe quel homme et quelle que soit sa planète.

Si l'homme est sujet de la planète, le commencement est dans le ☉ du signe.	Degrés des signes des planètes.	Domiciles des planètes.	Soleil dans les degrés des signes.	Lune dans les degrés des signes.
♄	♒ 12 deg.	12.7	☉ 5 deg.	♒ ☽ 12 deg.
♃	♓ 11°	11.3	☉ 3°	♓ ☽ 19°
♂	♈ 10°	10.8	☉ 9°	♈ ☽ 10°
☿	♍ 3°	6.2	☉ 13°	♍ ☽ 7°
☉	♌ 12°	1.5	☉ 12°	♌ ☽ 4°
♀	♉ 7°	9.7	☉ 1°	♉ ☽ 20°
☽	♋ 6°	4.1	☉ 20°	♋ ☽ 6°

Si l'homme en question est Saturnien, la première opération doit se faire si la planète Saturne est dans sa propre maison, c'est-à-dire dans le Verseau ; ou si, en raison du temps, ce n'est pas la maison de Saturne de telle sorte pourtant qu'il soit au moins dans la 12ᵉ maison céleste, maison de l'infortune, de l'inimité, de l'envie, bref de tous les maux, et que le Soleil soit dans le 5ᵉ degré du Verseau, la Lune au contraire au milieu ou dans le 12ᵉ degré, prends d'abord du plomb pur et purgé au même point et moment où la Lune apparaît dans la première limite du 12e du Verseau ; mets-le au feu dans un creuset d'argile ; il convient que toutes ces choses aient été appointées et préparées à l'avance. Le plomb liquéfié, et au premier point de la liquéfaction, écarte-le du feu et couvre rapidement le vase d'argile et le mets de côté. Laisse-le aussi longtemps que la Planète ♃ n'aura pas atteint le iie domicile du ciel ou iie du Sagittaire et la Lune 19e du ♐ ; le Soleil au 3e de sa course dans ce même signe du Sagittaire. Prends alors l'étain auparavant purgé et purifié, pour l'avoir dans la main. Le susdit plomb fondu sera de nouveau liquéfié dans son creuset ; remets au feu, de telle façon qu'il coule ; tu y jetteras l'étain pour qu'ils soient liquéfiés ensemble. Si tu as agité ces deux métaux avec du bois pour bien les faire couler, tu retireras et couvriras comme avant, et laisseras reposer jusqu'à Mars de la manière susdite. On en use de la sorte avec les autres métaux suivant la teneur de la table, jusqu'à ce que tous les métaux soient fondus et en cohésion.

Mais si la maîtresse de la Nativité est Vénus, commence par le cuivre et observe le processus suivant : Vénus, Mercure, Soleil, Lune ; et comme plus haut à partir de Saturne la numération se fait par Jupiter et Mars et jusques à Vénus, et qu'en comptant tous soient répétés si l'on commence seulement toujours par le seigneur de la complexion et de la nativité. Mercure seul, s'il est le seigneur de la nativité, est toujours le dernier, parce que son métal ne reste pas dans le feu, mais se répand partout en vapeur. Alors il est le dernier et cependant en son temps.

Les sept métaux, comme nous l'avons dit, ayant tous été rassemblés, que deux tables de fer polies soient à ta portée; tout d'abord avec un fil de fer, tu formeras un moule qui ait la largeur du miroir, de façon que, jeté entre les deux tables de fer, le miroir infuse dans ce moule acquierre sa largeur exacte et déterminée. Que l'orifice (ou entrée) soit étroit d'en haut afin que les métaux puissent y être coulés comme le montre la figure ci-dessous, semblable à une bouteille. Tu chaufferas les tables de fer, avant la coulée, et les oindras de suite afin que les métaux n'adhèrent pas et que le miroir en sorte poli et nettement clair.

Forme de la bouteille à fusion,
dans laquelle est formé le miroir.

Toutes ces choses accomplies, il faut faire grande attention au temps. Si le maître de la nativité est versé en deçà de la terre, c'est-à-dire dans les 1, 2, 3, 4, 5, ou 6ᵉ maison du ciel, la Lune dans le 10ᵉ de la maison du maître de la nativité et qu'il n'y ait en outre aucun mauvais aspect tel que □ et Δ ou ♂ ;

alors répands dans la forme au nom du Seigneur les métaux qui ont tous été congérés ensemble dans le vase d'argile. Le premier miroir est celui dans lequel on voit toutes choses qui doivent s'y réfléchir corporellement et substantiellement, hommes, images, édifices, animaux. Que la fusion se fasse au point et moment où la Lune atteint le 10°. Peu importe que cela soit de jour ou de nuit.

Puis retire le miroir de la forme et mets-le de côté. Fonds dans un vase d'argile les grains et rognures restants, pas avant la conjonction du Seigneur de la Nativité et de la Lune. À l'heure de cette conjonction, fonds de nouveau les métaux en une seule masse. Une fois fondus ensemble, laisse dans le vase d'argile et prépare le moule. Le maître de la nativité dans la 10ᵉ maison du ciel, c'est-à-dire dans le milieu du ciel ou au zénith, fonds le second miroir. À ce moment, la Lune doit se placer dans la 2ᵉ maison ou signe de la Planète qui est maîtresse de la Nativité. De même que la Lune était antérieurement dans le 10° du Capricorne, elle doit être dans le 10° du Verseau. Si Saturne était maître de la nativité, il aurait deux domiciles, à savoir le Capricorne et le Verseau. Si le Soleil et la Lune président à la nativité, ils ont au moins une maison : pour le Soleil le Lion, et pour la Lune le Cancer. De cette façon, trois miroirs sont à fondre, si la Lune marche dans le 10° du Lion et le 10° du Cancer. Le miroir se fait de la manière susdite ; avec lui, on peut savoir tous les discours, paroles, chants déjà passés, en y joignant les jours, temps et heures auxquels ces choses ont eu lieu.

Enfin refonds les métaux au moment d'une

conjonction directe comprenant le Seigneur de la Nativité. Il en est de même si la Lune est en conjonction avec une autre planète. Le miroir enlevé se garde à part, et de nouveau reçoit sa forme comme il est dit précédemment. Si la Planète pénètre dans les 7, 8, 9, 10, 11 ou 10e maison, elle est déjà au-dessus de la Terre. En outre, si la Lune est de nouveau dans le 1er signe ou maison, la Planète est au 10e degré, et que nul mauvais aspect n'intervienne, on opère la fonte du 3e miroir. Dans celui-là se voient toutes choses écrites, dessinées, peintes, dans les lettres et dans les livres, et sommairement toutes les choses cachées qui vivent et sont faites par les vivants. Après cela, s'il reste encore du métal, tu peux l'employer à ce que tu voudras. Les miroirs doivent être gardés dans l'ordre de leurs numéros 1, 2, 3.

Si le Soleil est entré dans le signe ou la maison de la Nativité du Seigneur, il faut lisser les miroirs et les polir finement d'un côté à la pierre d'émeri, de façon qu'on ne puisse découvrir aucune aspérité ou tache, car ce serait un grand obstacle au succès de l'opération. Cela fait, ne point les poser les uns sur les autres, mais les mettre de côté chacun à part ; le polissage doit être entrepris suivant le temps. Encore que tous les trois n'aient pas été fondus ensemble, cela ne présente pas d'inconvénient, mais il faut se dépêcher. Ces miroirs rendus nets, il faut faire attention à la future nouvelle Lune après le polissage. Alors on les brunit. Au moment de la nouvelle Lune, on met un peu de poudre sur du bois mou, on frotte très doucement le premier miroir ; il deviendra clair et brillant. Au point de la nouvelle Lune suivante, il faut polir les 2e et 3e miroirs dont on avait jusque-là ajourné le polissage, de telle façon qu'ils ne soient ni joints ni réunis, mais soient gardés séparément. Si, en outre, le Seigneur de la Nativité se trouve dans 4e maison, c'est-à-dire dans la maison de tout secret et chose cachée, si le Soleil et la Lune demeurent, eux, autant de temps jusque-là dans les maisons du Seigneur de la Nativité et qu'ait lieu une conjonction de deux bonnes Planètes, alors ces trois miroirs doivent être placés ensemble dans de la claire eau de fontaine, pure, fluide, de telle façon qu'ils se rencontrent enfin de nouveau sous l'eau. On les y laissera environ deux heures jusqu'à la fin de la conjonction ; puis on retire, on les roule et on les garde dans un linge de pur lin.

Ainsi donc cet Instrument royal peut être fait en treize mois, si l'opération commence en temps voulu et qu'on observe exactement les époques (astrologiques). On peut le faire chaque année. Cependant il y en a de plus favorables que d'autres, surtout si le maître de la Nativité gouverne l'année ou est maître de la Partie de Fortune.

LIVRE VI : De l'alliage des métaux

Nul ne peut nier que les alliages de métaux n'opèrent des choses admirables dans les sphères supernaturelles : ce qui peut être démontré par de nombreuses preuves, comme il sera dit plus clairement par la suite. Fais une composition des sept métaux en série convenable et en temps propice, fonds-les en une seule masse, et tu auras ainsi un tel métal que tu y retrouveras les qualités des sept métaux unies intimement. Toutes ces qualités, c'est dans cet unique métal appelé par nous Electrum[19], que tu les verras. Non seulement il possède en lui les forces naturelles des sept métaux, mais en outre, il reçoit d'autres forces supernaturelles. En effet, les métaux purs et simples n'ont pas en eux plus de vertus que celles à eux attribuées par Dieu et par la Nature, lesquelles à la vérité existent toutes en tant que naturelles. Ainsi l'on sait que l'or, le plus noble, le plus admirable, le plus excellent des métaux, guérit la Lèpre avec tous ses symptômes ; le cuivre et le

---

[19] Quid est Electrum ? – Electrum quod per se Metallum non est sed tamen omnia metalla in uno metallo et corpore recondi. Dans l'antiquité, c'était un alliage naturel d'or et d'argent trouvé dans le fleuve Pactole et dans les monts de Lydie jusqu'à Crésus, à Cyzique et à Lesbos. C'est ce métal qu'Hérodote appelait χρυσος λευκος ou or blanc. Il servait aux monnaies en Lydie. Densité 12s à 15s. Sous le nom d'Aseon, les Égyptiens imitaient cet alliage naturel. Les Grecs donnèrent à l'Asem, par assimilation, le nom d'Electrum, (*Note du traducteur*).

mercure raffermissent toutes plaies et blessures extérieures. De même tous ces métaux ont des forces particulières dont nous ne parlerons pas ici ; mais nous apportons des preuves des vertus des métaux.

Et pourtant cette indissoluble et inaltérée Essence métallique n'a aucune force ou utilité en médecine, sinon mauvaise. Il est tout à fait nécessaire que, pour montrer leur force médicale, ils perdent d'abord leur état métallique et soient eux-mêmes changés en une autre apparence, dans leur constitution mystérieuse, huiles, baumes, quintessences, teintures, chaux et autres semblables, et qu'ils soient enfin administrés au patient. En dehors de cette préparation, leurs qualités naturelles ne sont d'aucun secours pour des opérations supernaturelles, contrairement à notre Electrum, composé et assemblé d'après le cours du ciel, comme nous le divulguons, par la suite, dans la pratique.

C'est pourquoi nous ne donnons pas à tort de grandes louanges à notre Electrum. Sa vertu est grande et très grande.

Il est de toute nécessité, je pense, de décrire les forces et facultés de notre Electrum ; ayant omis le traité sur les métaux, nous nous proposons de ne commenter que cela seulement. Ils ne peuvent le moins du monde être mis en avec comparaison avec l'Electrum, ce qui éclate plus clairement que la lumière du plein midi. Si l'on fabrique avec cet Electrum une coupe ou un plat, personne ne pourra boire de poison ou ingérer des choses nuisibles par intoxications ou incantation, en suivant les prescriptions voulues.

Notre Electrum, en effet, possède une sympathie extraordinaire pour l'homme ; les sept Planètes et les Astres supérieurs y coopèrent de telle sorte que, par une entente ou consentement singulier, quand l'un transpire, l'autre est souillé, à peine touché par l'homme ou pris à la main. C'est pour cela, que les anciens attribuaient beaucoup de qualités à notre Electrum ; ils en firent quantité de vases à manger et à boire ; certains ont été, en notre siècle dégagés et extraits du sein de la terre, où on les avait cachés. Avec ce même Electrum, on a fabriqué autrefois certains ornements et clinodes tels qu'anneaux, bracelets, médailles, sceaux, images, figures, cloches, miroirs, monnaies, etc. ; d'aucuns ont été plaqués d'or et d'argent afin de ne pas trahir le secret. Mais cette coutume a complètement disparu de nos jours ; la chose même est tombée en désuétude et oubli.

Afin de ne pas laisser aujourd'hui plus longtemps dans l'ombre ce mystère de la Nature et les puissantes grandeurs de Dieu, mais pour les faire connaître du public et les mettre en pleine lumière, je n'ai pu empêcher ma science vulgarisatrice de décrire et de publier ces choses que les ténèbres des Sophistes avaient si longtemps déjà tenues dans le secret et dans l'obscurité. Il ne semble pas opportun de révéler ici l'universalité des forces et des vertus de notre Electrum : car si je le faisais, le sophiste calomnierait notre travail, l'ignorant l'attaquerait, le faible d'esprit le raillerait, le perfide et l'impie en abuseraient. Vis-à-vis de tous ceux-là, le silence est la plus sûre défense.

Cependant, il m'est impossible de ne pas montrer quelques forces et vertus admirables de notre Electrum. Nos yeux les ont vu se produire et nous pouvons précisément les mettre en lumière et en rendre témoignage sur l'heure, au nom de la vérité. Des anneaux de cette matière passés au doigt empêchent celui qui les porte —nous l'avons vu— de souffrir de convulsions spasmodiques, des atteintes de la paralysie ni d'aucune douleur, non plus que des attaques d'Apoplexie et des crises d'Épilepsie. Si l'on passe un anneau de cette matière à l'annulaire d'un épileptique, même au milieu de la crise la plus violente, il sera calmé sur-le-champ et sera en état de se relever. Nous avons vu et découvert que, si quelque maladie secrète est sur le point de saisir quiconque porte cet anneau à l'annulaire, l'anneau transpirera, en raison même de sa grande sympathie, se tachera et se déformera : nous l'avons très clairement démontré dans le *Livre des Sympathies.*

Il faut également savoir que notre Electrum écarte les mauvais esprits ; il tient encloses la faculté des opérations célestes et l'influence des sept planètes. C'est pourquoi les vieux Mages de Perse et les Chaldéens en ont démontré et mis en lumière toute la force. Si je voulais vous en recenser en détail toutes les merveilles, je vous écrirais une prodigieuse chronique ; je ne l'omets que pour éviter tout scandale : car il m'arriverait d'être proclamé, par le Sophiste, très grand et très haut Mage et enchanteur.

Je ne puis cependant passer sous silence un très grand miracle que je vis faire en Espagne par un certain Nécromant. Il avait une cloche qui ne pesait pas plus de deux livres. Chaque fois qu'il la frappait, il pouvait évoquer et amener des spectres, des visions d'Esprits nombreux et variés. Quand il lui plaisait, il inscrivait sur la surface interne de la cloche quelques mots et caractères ; puis il la mettait en branle et sonnerie, et faisait apparaître un Esprit de la forme et apparence qu'il voulait. Avec le son de cette même cloche, il pouvait attirer vers lui ou écarter de lui de nombreuses autres visions d'Esprits, surtout des hommes et des troupeaux ; je l'ai vu de mes propres yeux produire beaucoup de ces phénomènes. Chaque fois cependant qu'il faisait œuvre nouvelle, il changeait les mots et les caractères. Il ne voulait pas me révéler le secret de ces mots et de ces caractères ; mais j'examinai et sondai la chose en moi-même, enfin je la découvris fortuitement. Ces moyens et ces procédés, je les dissimulerai soigneusement ici. Remarquez qu'il y avait plus de vertu dans la cloche que dans les paroles mêmes. Sûrement, cette cloche avait été entièrement faite de notre Electrum.

C'est encore de la sorte qu'était faite la cloche de Virgile, au son de laquelle étaient terrifiés les adultères des deux sexes qui se rendaient dans la cour du roi Artus ; à ce point qu'ils étaient pris du vertige constellé ; ils en étaient bouleversés et tombaient du pont dans l'eau qui coulait en dessous comme frappés de la foudre. Ce n'est pas une fable, mais une chose véritable et digne de Chronique. Ne méprisez donc pas de croire de semblables choses naturelles comme possibles. En effet, si l'homme visible (l'homme matériel) peut appeler un autre homme et le forcer par le son de sa voix à faire ce qu'il aura ordonné — par un simple mot, même un son dépourvu de mot et comme liquide — en dehors de toute intervention des armes et de toute violence ; pouvoir la même chose est beaucoup plus facile à l'homme invisible (l'homme spirituel) qui peut dominer tout ensemble le visible et l'invisible non seulement par le mot, mais encore par la pensée du mot. Il est, en effet, toujours convenable que ce qui est en bas obéisse à ce qui est en haut et lui soit soumis. L'homme invisible est-il autre chose que l'Astre lui-même réfugié invisible dans l'âme et dans les pensées de l'homme, qui apparaît et sort au travers de son imagination ? Si déjà l'astre de l'homme peut exister et par l'Esprit Olympique être amené à agir sur autrui ; alors pourra-t-il exister de même dans les métaux et produire son impression pour les exalter plus haut que leur propre nature, et ce par la force et l'opération des astres ; nous l'avons enseigné dans les autres livres de l'*Archidoxe Magique*. Exemple : Avec l'or et le Mercure, faites un amalgame, une composition, un alliage des deux métaux au moment de la conjonction du Soleil et de Mercure, surtout si dans cette conjonction le Soleil domine Mercure. On pourra ensuite les fixer facilement ensemble, de manière à leur faire rendre la Teinture en Mercure vif. Que dans une telle conjonction on puisse plus amplement l'augmenter avec du Mercure vif : c'est un très grand secret de la Nature.

De même, et en dehors de toute conjonction, on peut faire des compositions et des alliages entre l'or et l'argent et le mercure vulgaire de la façon suivante : Tenir l'or au dessus du Mercure vulgaire qui, sous les apparences de fumée montera entièrement vers l'or et le rendra blanc, fragile et fusible comme de la cire. On peut traiter l'argent de la même façon.

Nous avons coutume de l'appeler Magnésie des Philosophes : pour la trouver, des philosophes, parmi lesquels Thomas d'Aquin et Rupescissa et ses élèves ont travaillé avec soin, mais en vain. Ce secret est très remarquable et singulier, le Mercure vif s'allie au feu avec les métaux difficilement fusibles, argent, cuivre, fer, acier, de manière à ce qu'ils fondent ensemble et coulent plus facilement. C'est de cette façon que se préparent beaucoup de Teintures et d'Élixirs pour la transmutation des métaux : nous l'avons enseigné d'une façon plus développée dans le livre sur la *Transmutation des Métaux*.

Du Mercure ordinaire, il faut savoir que, de quelque manière qu'il pénètre les métaux de sa vapeur, il les calcine et les tourne vers sa propre nature, de même les métaux, par leur vapeur, coagulent aussi le Mercure vif. Nous tenons en effet pour prouvé que le Mercure est intérieurement d'une très grande chaleur, et qu'il ne peut être coagulé que par un très grand froid, lui qui dans le feu et la fusion se répand complètement et expire comme de la fumée, hors des métaux. Il ne peut, en effet, rien endurer dans le feu et dans la chaleur ; il s'évapore hors des métaux. De cette sorte est l'arsenic des métaux qui, à l'instar de l'Esprit, monte des métaux liquéfiés.

En outre faut-il savoir que le Mercure est l'esprit métallique. Et de même que l'Esprit est plus que le corps, le Mercure est plus que tous les autres métaux. De même, que l'Esprit pénètre tous les murs, le Mercure pénètre tous les métaux. Le Mercure, en effet, exerce et opère une action admirable sur les métaux ; nous ne l'expliquons pas tout entier ici, mais nous renvoyons ailleurs. Nous avons vu et expérimenté nous-même que le Mercure vif sublimé hors d'un métal calcifié quelconque tel que le cinabre, —le métal calciné ramené de nouveau à son état primitif et rendu plus fusible au moyen d'un peu de plomb— deviendra or, argent, cuivre, fer, acier ; il sera fusible comme chandelle ou comme cire, il fondra sous les rayons du soleil comme neige ou glace, et ensuite, par une digestion de quelque temps, retournera à l'état de Mercure. Nous faisons mention de ce fait dans le *Livre de la Résurrection des Choses Naturelles*, où nous parlons du Mercure des métaux.

Ainsi se prépare le Mercure de l'Or, le Mercure de l'Argent, le Mercure du Cuivre, le Mercure du Fer, le Mercure de l'Étain, le Mercure du Plomb, etc.. Arnault, Aristote et tous les philosophes nous ont dit beaucoup de choses à ce sujet ; mais leurs yeux ont rarement, sinon jamais, vu ces faits se produire ; il faut tenir cela comme un très haut et très noble arcane de la Nature, qu'il faut cacher très soigneusement et ne pas mettre témérairement dans la main de mes adversaires, qui en sont indignes. Que serviraient à une oie une gemme ou une perle ? Elle ne connaît pas cela, ne peut en jouir, et préférera quelque rave. De même l'esprit des sophistes. Ils sont, pour la même raison, indignes de connaître ces arcanes. Il ne faut pas jeter des perles aux pourceaux ni d'objet sacré aux chiens. Dieu a sérieusement défendu qu'on le fasse.

Revenons à la mise en œuvre de notre Electrum, dont nous avons commencé de parler plus haut : il le faut composer suivant le mouvement du ciel et la conjonction des sept Planètes. En voici le processus :

Attends la conjonction de Saturne et de Mercure, au commencement de laquelle tous les instruments devront être prêts —tels que feu, creuset, plomb pur réduit finement en lamelles et en grains— afin de n'avoir aucune entrave. Au début de la conjonction, faire couler du plomb en faible quantité; et ce, pour que le mercure répandu sur le plomb ne s'évapore ni ne s'échappe. Au premier point de la conjonction, retire du feu le creuset avec le plomb liquéfié, et verse le Mercure; laisse-les se refroidir ensemble; puis attends la conjonction de Jupiter et de Saturne ou de Mercure; et, tout une fois apporté et préparé comme ci-dessus, fais soigneusement couler séparément dans un vase particulier les deux métaux, le pur étain anglais et le plomb joint au Mercure; tu les retireras, les coaguleras au froid et laisseras jusqu'à ce qu'ils se soient refroidis ensemble. De cette sorte, tu auras réunis en une seule masse les trois métaux les plus fusibles et qu'il convient d'unir les premiers. Ensuite attends une autre conjonction entre quelque autre des planètes, Soleil, Lune, Vénus ou Mars, et une autre des planètes Mercure, Saturne ou Jupiter. Alors réunis-les de nouveau comme ci-dessus, fais-les couler séparément, mêle-les au moment de la conjonction et mets-les de côté. Tu en feras de même avec tous les autres métaux jusqu'à ce que tu aies fondu et uni en un seul les sept métaux suivant la conjonction requise des Planètes. Ainsi tu auras apprêté l'Electrum. Ceci entendu, fermons ce livre.

LIVRE VII : Des sceaux des planètes

Les sceaux des Planètes, cela est certain, possèdent une grande force et vertu, s'ils sont préparés et portés à une heure et en un temps convenables suivant le cours du Ciel. Nul ne peut nier la grande puissance des astres supérieurs et des influences célestes sur les choses périssables et mortelles. En effet, si les astres supérieurs et les Planètes peuvent modérer, diriger et forcer, à leur volonté, l'homme animal fait cependant à l'image de Dieu et doué de vie et de raison, combien plus pourront-ils régir les choses moindres telles que métaux, pierres, images ; ils s'impriment en ces choses ou les occupent avec toutes leurs forces selon leur propriété de la même façon que s'ils étaient en elles avec toute leur substance comme eux-mêmes sont au firmament. Eh bien ! il est possible à l'homme de les réunir et de les fixer en un quelconque milieu pour qu'ils y opèrent efficacement, que ce milieu soit métal, pierre, image, ou quelque autre objet similaire.

Mais, et c'est très digne d'être connu, les sept Planètes n'ont pas de plus grandes forces que dans leurs métaux propres savoir le Soleil dans l'or, la Lune dans l'argent, Vénus dans le cuivre, Jupiter dans l'étain, Mercure dans l'hydrargyre, Mars dans le fer, Saturne dans le plomb. Nous réunirons ici leurs sceaux et enseignerons la fabrication de celui qui convient à chaque Planète, dans son métal propre.

Sceau de Saturne

Ce sceau doit être fait de plomb de Villach[20] pur et fin, et renfermer dans sa circonférence le carré désigné (par la figure). Ce carré sera partagé en trois filets et la somme *quinze* sera inscrite sur chaque filet en une série de trois nombres. De l'autre côté du sceau, il faut graver en relief l'image de la Planète : savoir un homme vieux, barbu, avec une houe dans l'attitude du fossoyeur, une étoile domine sa tête, au-dessus est écrit son nom : Saturne. Pour frapper ce sceau, tu auras soin de fabriquer des fers gravés doubles, afin d'imprimer le sceau au moyen de la frappe, comme on le fait pour les monnaies, et d'activer de la sorte l'œuvre le plus rapidement possible. Ensuite attends le jour de Saturne où la Lune entre dans le premier degré du Taureau, ou du Capricorne, la planète Saturne étant dans un bon cours et un aspect bienfaisant. Alors fonds le sceau et façonne-le par la frappe avec les deux poinçons. Garde soigneusement ce sceau dans un linge propre de soie noire.

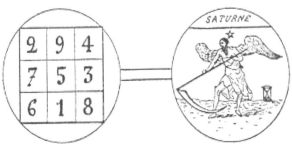

---

[20] Capitale de la province autrichienne de Carinthie : Paracelse y séjourna.

Tout d'abord, ce sceau sert aux femmes enceintes. En le portant sur elles, elles n'auront aucune difficulté dans leurs couches. Ensuite tout ce que touchera ce sceau, multipliera et croîtra. Si un cavalier le porte dans son jambart gauche, personne ne pourra blesser son cheval. Mais, par contre, si l'on fabrique ce sceau, Saturne rétrogradant au jour et à l'heure de Saturne, il s'opposera à la réussite de toute bonne entreprise, et si on le pose sur quelqu'un, cette personne perdra ses forces et périra. De même, si en temps de guerre, on l'enfouit dans un lieu où demeurent des soldats, ceux-ci n'useront d'aucun hasard heureux, mais rapidement lèveront leur camp et battront en retraite.

Sceau de Jupiter

Ce sceau doit être fabriqué de pur étain anglais. Sur son cercle, d'un côté, sera établi un quadrangle multiplicande d'un nombre quaternaire, dont n'importe quelle ligne doit former le nombre 34. Sur l'autre côté du sceau, sera dessinée une image, savoir celle d'un homme, prêtre et lettré, lisant dans un livre tenu à la main et sur la tête duquel se trouvent l'étoile et le nom de Jupiter. Pour le sceau, prépare deux poinçons comme ci-dessus. Or, le jour de Jupiter, la Lune entrant dans le premier degré de la Balance, et la planète Jupiter en bon aspect, ouvre les poinçons et frappe le sceau que tu garderas dans de la soie bleue.

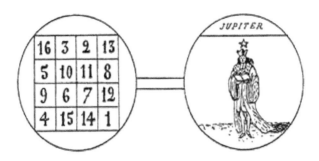

Ce sceau assure à celui qui le porte la grâce, l'amour et la faveur de tous. Il multipliera et augmentera les jours de celui à qui il sera apposé, rendra son porteur heureux en tous négoces, écartera de lui les soucis et la crainte.

Sceau de Mars

Ce sceau demande à être frappé dans du très excellent et très dur fer de Carinthie, de forme circulaire, et gardé pour un temps opportun ; un des côtés du sceau doit être un carré multiplié par le nombre 5, de telle façon que n'importe quelle ligne ou colonne forme la somme 65. De l'autre côté, il faut graver l'image de la Planète, savoir un soldat en armes, brandissant à gauche un bouclier, à droite un glaive, et sur sa tête l'étoile et le nom de Mars. Pour ce sceau, il faut faire spécialement deux poinçons très durs ; ceux-ci prêts, attends au jour de la Lune, à l'entrée de la Lune dans le premier degré ou point du Bélier, ou du Sagittaire, la planète dans un bon mouvement, place et aspect heureux. Alors, avant que cet aspect ne change, fais rougir au feu le fer à frapper pour qu'il soit mieux marqué ; une fois marqué et refroidi, garde-le dans de la soie rouge.

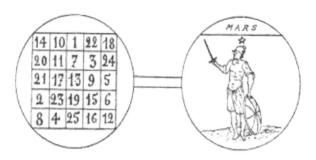

Ce sceau confère à celui qui le porte force et vic-toire dans les combats et luttes, et le fait triompher en toutes les rencontres sans aucune blessure. Si ledit sceau est enfoui dans un château fort ou une cita-delle, tous ses ennemis seront confondus en voulant l'assiéger, si grande est la puissance conférée à ce sceau par cette planète. Si l'on prépare ce sceau, Mars rétrogradant, sous son aspect fervide, malin et mal-heureux c'est le contraire qui arrive. Partout où on le place, s'engendrent guerres pures, dissentiments, haines, jalousies, bref toutes sortes de malheurs.

Sceau du Soleil

On fabrique ce sceau avec de l'or d'Arabie ou de Hongrie, choisi et très bon, carré, sur un côté, et dont la quadrature sera multipliée par le nombre 6, de telle sorte que dans chaque ligne par le travers comme d'une croix, on compte iii. Sachez que les nombres secrets et cachés dans n'importe quel signe sont les nombres de toutes les autres étoiles sujettes de ces planètes et à elles attribuées par Dieu, comme nous l'avons dit au *Livre des Etoiles*. La Planète est dite pré-curseur, ou Etoile première. Il convient donc qu'elle ait sous elle les étoiles qu'elle dirige, etc.

De l'autre côté du sceau, il faut sculpter l'image de la Planète elle-même, savoir un roi couronné siégeant sur un trône royal, brillant de la majesté royale, serrant dans sa dextre le sceptre, le Soleil et le nom du Soleil au-dessus de sa tête, et montrent à ses pieds la figure d'un Lion. Ces deux images sont requises pour ce signe. Ensuite fais attention à l'entrée de la Lune dans le premier degré du Lion, au jour du Soleil. Si à ce moment la Planète est de bon mouvement, imprime l'image sur le sceau. Garde-le ensuite dans un fin tissu de lin jaune.

Il faut savoir que la frappe des sceaux n'est pas instituée de telle façon qu'aucun empêchement n'arrive en raison du temps, mais encore pour que toutes choses se fassent au pied levé et en un moment. Cette impression est concomitante de celle des vertus célestes. Telles les impressions célestes et les influences astrales qui se font supernaturellement, très vite et en un moment, avec autant de rapidité que la flèche lancée par l'arc, ou la balle par la machine de guerre, telle est cette impression, qui veut être faite le plus rapidement possible.

Le port de ce sceau assure la faveur et la grâce des grands, rois, princes, etc., et élève l'homme avec rapidité à un tel point que, exalté coup sur coup tant en biens qu'en honneurs, il devient un objet d'admiration générale.

Sceau de Vénus

Ce sceau se fabrique avec le cuivre. On le marque d'un côté avec une figure quadrangulaire embrassant dans n'importe quelle ligne le nombre 152, et multipliée par le nombre 7. De l'autre côté, l'on doit voir la figure de la Planète, qui est une femme ayant devant elle un enfant tenant un arc et un trait enflammé. La femme porte de la main gauche un psaltérion ou quelque autre instrument de musique ; au-dessus de sa tête, l'étoile et le nom de Vénus. Tu feras pour ce sceau deux poinçons ; puis au jour de Vénus, la Lune dans le premier degré du Taureau et de la Vierge, et la Planète en bon aspect, frappe le sceau et garde-le dans une étoffe de lin vert.

Celui qui porte ce sceau est orné d'une grâce admirable et insigne ; il s'attire l'amour tant des hommes que des femmes. Le même sceau écarte toute haine et toute envie. Si tu fais boire à ton ennemi irrité un breuvage où aura trempé ce sceau, il te deviendra l'ami le plus sûr, n'aura plus aucune mauvaise intention, mais te fera tout le bien qu'il pourra. Ce sceau donne aussi d'heureuses dispositions pour la musique et assure le succès dans cet art.

Sceau de Mercure

Ce sceau doit être fondu avec du Mercure coagulé. Aucun métal ne peut être frappé s'il n'est ductile. Ainsi le Mercure non coagulé par notre procédé ne peut être coulé. Un moule bipartice est nécessaire ; sur l'une des parties, on voit le nombre, sur l'autre l'image, comme nous l'avons dit au sujet de la frappe des autres métaux. Ce sceau est d'un côté quadrangulé ; ce carré est multiplié par le nombre 8 et chaque ligne forme la somme 260. L'autre côté montre l'image de la Planète elle-même, qui est un ange avec des ailes au dos et aux chaussures, et dans la main droite un bâton barré de deux serpents entortillés, dans le genre d'une croix ; sur sa tête sont gravés l'étoile et le nom de Mercure.

Tu fixeras le mercure avec du plomb. Nul autre métal n'a plus d'affinité avec le mercure que plomb. La fixation se fait de la sorte : Prends : *plomb fin* ℥ ij. Le fondre dans un creuset en terre réfractaire. Retirer du feu et laisser quelque peu refroidir. Quand il sera proche de la condensation, y couler mercure vif ℥ ij. Par là-dessus, attendre au jour de Mercure, la planète en bon aspect, la Lune entrant dans le premier degré des Gémeaux et du Scorpion. Laisse le Mercure vif couler peu à peu, verse-le dans le moule que tu secoueras, pour qu'il se glisse plus subtilement. Laisser soigneusement refroidir dans la forme, que l'on doit préparer à la flamme d'une bougie ou d'une torche, afin que rien n'adhère du Mercure vif, mais qu'il coule dehors d'une façon fluide et rapide. Si par hasard, dans la fonte, le sceau ne se détache pas assez nettement, tu peux le retailler à ta fantaisie. Tu le garderas dans un linge de lin de couleur pourprée.

Ce sceau donne à celui qui le porte une grande facilité et intelligence dans l'étude de la Philosophie et l'universalité des autres arts naturels. Si quelqu'un boit d'un breuvage où aura trempé ce sceau, il gardera une heureuse mémoire et sera guéri de la fièvre. Placé sous la tête d'un dormeur, il lui permettra de voir et d'éprouver tout ce que ce dormeur demandera à Dieu de voir ou de connaître.

Sceau de la Lune

On fabrique ce sceau avec de l'argent pur. La quadrature se multiplie par 9 de telle sorte que n'importe quelle ligne produise le nombre 369. De l'autre côté du sceau, on verra l'image de la Planète, qui est une femme vêtue d'une robe lâche et flottante, tenant dans sa main droite une moitié de Lune et debout sur une autre moitié de Lune. Sur sa tête une étoile et son nom : Lune. Pour ce sceau, il faut avoir également deux poinçons. Enfin il faudra attendre, la Lune en bons cours et aspect, au jour de la Lune entrant dans le point du Capricorne et de la Vierge. Alors marque le sceau et garde-le dans une étoffe de lin blanc.

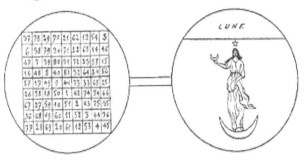

Ce sceau préserve celui qui le porte de nombreuses maladies. Il sert aux voyageurs, aux agriculteurs, garantit des larrons et des brigands. Les objets sur lesquels ont l'apposera, conserveront leur intégrité et auront une longue durée[21].

---

[21] Ne se décomposeront pas.

Table des matières

Préface 4

Introduction 9

LIVRE I 17
   De la céphalée ou douleurs de tête 24
   Contre le mal caduc ou épilepsie 24
   Figure pour la conservation de la vue 27
   Contre la consomption ou tabès et autres
   maladies du cerveau 28
   Secret puissant contre la paralysie 29
   Contre le calcul et sables des Reins 31
   Des parties génitales 32
   Comment assurer une longue vie au cheval 34
   Onguent vulnéraire 36
   Onguent des armes 37
   Contre la goutte aux pieds 37
   Onguent sympathique contre la goutte 40
   Contre la paralysie ou contracture 40
   Sceau contre la Paralysie 41
   Pour les menstrues des femmes 42
   Contre la lèpre 44
   Contre le Vertige 45
   Contre le Spasme 46
   Contre les Palpitations du Cœur 47
   Préparation d'Huile de Corail et de Succin 49
   Pour la fracture des os 49

LIVRE SECOND : Des sceaux des douze signes du zodiaque et des
secrets qu'ils renferment 51
   Bélier 51
   Taureau 52
   Gémeaux 54
   Cancer 55
   Lion 56
   La Vierge 57
   La Balance 58
   Scorpion 59
   Le Sagittaire 60

Capricorne... 61
Verseau.. 62
Poissons 63

LIVRE III 65
Des Troupeaux 66
Contre les Mouches.. 68

PLANCHES 69
PL. I 70
PL. II 71
PL. III 72
PL. IV 73
PL. V 74
PL. VI 75
PL. VII 76
PL. VIII 77

LIVRE IV : De la transmutation des métaux, et des époques 78

LIVRE V : De la constellation du miroir 81

LIVRE VI : De l'alliage des métaux 93

LIVRE VII : Des sceaux des planètes 102
Sceau de Saturne 103

Printed in France by Amazon
Brétigny-sur-Orge, FR

20658041R00067